飞跃重洋

——华中科技大学电子信息类留学指南

李　玲◎主编

吉林大学出版社
·长春·

图书在版编目（CIP）数据

飞跃重洋：华中科技大学电子信息类留学指南 / 李
玲主编. -- 长春：吉林大学出版社，2022.12
ISBN 978-7-5768-1372-2

Ⅰ．①飞… Ⅱ．①李… Ⅲ．①留学生教育－申请－指
南 Ⅳ．① G648.9-62

中国版本图书馆 CIP 数据核字（2022）第 250739 号

书　　名：飞跃重洋——华中科技大学电子信息类留学指南
　　　　　FEIYUE CHONGYANG——HUAZHONG KEJI DAXUE DIANZI XINXILEI
　　　　　LIUXUE ZHINAN
作　　者：李　玲
策划编辑：卢　婵
责任编辑：卢　婵
责任校对：代景丽
装帧设计：三仓学术
出版发行：吉林大学出版社
社　　址：长春市人民大街 4059 号
邮政编码：130021
发行电话：0431-89580028/29/21
网　　址：http://www.jlup.com.cn
电子邮箱：jldxcbs@sina.com
印　　刷：武汉鑫佳捷印务有限公司
开　　本：787mm×1092mm　　　1/16
印　　张：18.5
字　　数：250 千字
版　　次：2022 年 12 月　第 1 版
印　　次：2022 年 12 月　第 1 次
书　　号：ISBN 978-7-5768-1372-2
定　　价：96.00 元

编委会

前　言

华中科技大学光学与电子信息学院于 2019 年着手编撰《出国留学指南》。该指南由已经被海外高校录取的学生供稿，旨在为有留学意向的学弟学妹们提供经验指导。在深入分析疫情形势下留学利弊、把握留学动态的基础上，本书对不同国家和地区相关专业的申请情况分别进行了指导。同时，本书基于近 5 年大量的数据及案例分析，旨在解答留学生群体及家长群体从准备期到海外学习期的思考和困惑，带领学生从不同方面了解留学发展趋势、走近留学准备过程、做好留学规划。

近二十年来，我国留学生人数不断增加，我国也已经成为多数主要留学目的地国的最大生源输出地。虽然过去几年留学市场"低迷"，但随着各国纷纷打开国门，留学市场再度"复苏"，国内环境的支持与国外对留学生的需求让学生们遭逢会遇。但同时，面对海外学校制度差异、专业种类繁多等问题，在面对未来选择时，是否选择踏上留学之路、如何选择适合自己的留学目的国、如何做好留学申请的各项准备，这些纷繁错杂的问题均摆在了学生和家长的面前。

从 2019 年到 2021 年的留学数据显示，"电子与计算机工程""计算机科学与信息系统""电子电气工程"等与高端制造相关的专业，一直是留学阶段的大热专业。而"电子与计算机工程"和"电子电气工程"的申请趋势近年来正在持续升温。本书主要聚焦大学生留学申请，通过对电子信息大类学生主要留学目的地国相关专业的分析介绍和已经被海（境）外高校录取的留学生群体的采访调研，旨在帮助有留学意愿的学生和家长获得权威的留学指导，帮助有志于境外升学的学生飞跃重洋，实现海外圆梦。全书集数据分析、政策解读、技巧指导、案例分享等各方面于一体，覆盖了如何成功申请留学的各个方面。

本书的第一章结合华中科技大学光学与电子信息学院近年来就业升学的相关数据，分析了当前背景下留学的优劣势。第二章以地域为区分介绍了部分典型院校留学的相关情况。第三章针对留学申请的各环节进行详细介绍并提供具体的指导。第四章通过已成功出国（境）学生的案例展现了留学申请者的群像，通过展示他们的成功模式为读者提供借鉴指导。

本书由华中科技大学光学与电子信息学院的部分师生共同撰写。在成稿过程中，我们一直遵循严谨客观的原则，实事求是地呈现数据结果和成长案例。然而，为了紧追留学新趋势、把握发展新走向，成稿过程比较紧迫，书中难免有疏漏之处，敬请见谅。

本书能够顺利付梓，关键在于多方团队及人员的通力合作和大力支持。对此，我们深表感激！我们衷心祝愿每一位读者朋友前途光明、事业有成！

华中科技大学光学与电子信息学院

2023 年 3 月

目　录

第 1 章　为什么选择留学

1.1　华中科技大学光学与电子信息学院往届升学数据展示及分析

1.1.1　整体情况：升学率逐年升高，境外升学质量高

光学与电子信息学院 2019 届本科毕业生共 607 人，继续深造人数为 436 人，占毕业生总人数的 71.83%，其中，出国出境 85 人，占总人数 14.00%；国内读研 351 人，占总人数 57.83%。

光学与电子信息学院 2020 届本科毕业生共 613 人，继续深造人数为 467 人，占毕业生总人数的 76.18%，其中，出国出境 103 人，占总人数的 16.80%；国内读研 364 人，占总人数的 59.38%。

光学与电子信息学院 2021 届本科毕业生共 570 人，继续深造人数为 432 人，占毕业生总人数的 75.79%，其中，出国出境 60 人，占总人数的 10.53%；国内读研 372 人，占总人数的 65.26%。

光学与电子信息学院 2022 届本科毕业生 600 人，继续深造人数为 483 人，占毕业生总人数的 80.50%，其中，出国出境 62 人，占总人数的 10.33%；国内读研 421，占总人数的 70.17%。

4 年来，光学与电子信息学院毕业生继续深造比例均超 70%，并且呈现逐年递增的趋势，2022 年继续深造比例超 80%（见表 1-1）。本科生毕业后继续深造、积累知识、积蓄能量，能提高自身的适应力和竞争力，未来的发展空间会更广阔，所以本科生继续深造的意愿越来越强烈。自 2020 年，受疫情及海内外形势影响，出国（境）留学难度加大，成本越来越高，不少原本计划出国（境）留学的同学最终选择了国内读研，但我院留学人数仍然在同学科中属于较高水平（见表 1-2，图 1-1）。从升学质量上来看，有一大批同学通过自己的努力，拿到了海外名校的录取通知书，成功飞跃重洋，继续追寻自己的学术梦。

表 1-1　近 4 年继续深造情况

年届	总人数	继续深造人数	继续深造比例	出国（境）人数	出国（境）比例	境内深造人数	境内深造比例
2019	607	436	71.83%	85	14.00%	351	57.83%
2020	613	467	76.18%	103	16.80%	364	59.38%
2021	570	432	75.79%	60	10.53%	372	65.26%
2022	600	483	80.50%	62	10.33%	421	70.17%

表 1-2　近 4 年出国（境）比例变化情况

年届	出国（境）人数	出国（境）人数占总人数比例	出国（境）人数占继续深造人数比例
2019	85	14.00%	19.50%
2020	103	16.80%	22.06%
2021	60	10.53%	13.89%
2022	62	10.33%	12.84%

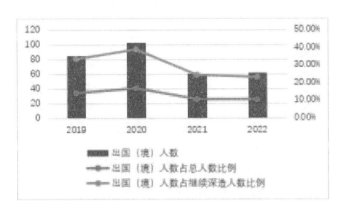

图 1-1　近 4 年出国（境）比例变化情况

1.1.2　国家（地区）选择：赴美人数较多，其他各地区分布均匀

光学与电子信息学院 2019 届本科毕业生中出国出境深造人数为 85 人。从去向上看，赴美国留学人数高达 40 人，占 47.06%；赴法国留学 14 人，占 16.47%；赴英国 11 人，占 12.94%（见表 1-3）。

出国出境学生中，很多学生去往了美国耶鲁大学、加利福尼亚大学、哥伦比亚大学，日本东北大学，英国谢菲尔德大学，法国高等光学学校，中国香港中文大学等世界名校。学生出境选择的去向呈现多样化的特征，去英国、瑞典等地区的人数增多。

表 1-3　2019 届本科毕业生留学国家（地区）统计表

序号	国家（地区）	人数
1	美国	40
2	法国	14
3	英国	11
4	瑞典	6
5	中国香港	4
6	日本	2
7	德国	2

续表

序号	国家（地区）	人数
8	加拿大	2
9	澳大利亚	1
10	荷兰	1
11	比利时	1
12	中国台湾	1

光学与电子信息学院 2020 届本科毕业生中出国出境深造人数为 103 人。从去向上看，赴美国留学 52 人，占 50.49%；赴法国留学 15 人，占 14.56%；赴瑞典 13 人，占 12.62%（见表 1-4）。

出国出境学生中，很多学生去往了英国爱丁堡大学，法国巴黎第十一大学，美国耶鲁大学、斯坦福大学、哥伦比亚大学，日本东京大学，中国香港科技大学等世界名校。与之前相比，一方面学生的出国出境去向更加多样化，另一方面去美国人数所占比例有所上升，去日本、瑞典等地区人数也在增多。

表 1-4　2020 届本科毕业生留学国家（地区）统计表

序号	国家（地区）	人数
1	美国	52
2	法国	15
3	瑞典	13
4	中国香港	9
5	英国	5
6	日本	3
7	中国澳门	2
8	比利时	1
9	新加坡	1
10	加拿大	1
11	瑞士	1

光学与电子信息学院 2021 届本科毕业生中有 60 名同学学业优秀、境外升学，其中赴美国留学 20 人，占比 33.33%；赴瑞典留学 15 人，占 25.00%；赴法国和英国各 7 人，占 11.67%（见表 1-5）。

出国出境学生中，很多学生去往美国加利福尼亚大学、康奈尔大学、哥伦比亚大学，日本东北大学，法国高等光学学校，中国香港科技大学等世界名校。与 2020 届相比，学生们出国出境选择的多样化趋势更加明显，不再专注于美国，去英国、瑞典等地区人数增多。

表 1-5　2021 届本科毕业生留学国家（地区）统计表

序号	国家（地区）	人数
1	美国	20
2	瑞典	15
3	法国	7
4	英国	7
5	中国香港	5
6	日本	2
7	德国	1
8	瑞士	1
9	新加坡	1
10	中国澳门	1

总的来看，近 3 年的出国出境地区选择上，赴美深造的毕业生总人数最多，占比 45.16%，这与美国名校数量相对较多、选择空间大、赴美经验较为充足有关。此外，前往法国、瑞典、英国、中国香港等地的毕业生人数也较多。近 3 年出国出境情况统计如表 1-6，图 1-2 所示。

表 1-6　近 3 年出国出境情况统计

序号	国家（地区）	2019 届	2020 届	2021 届	总人数
1	美国	40	52	20	112
2	法国	14	15	7	36
3	瑞典	6	13	15	34
4	英国	11	5	7	23
5	中国香港	4	9	5	18
6	日本	2	3	2	7
7	加拿大	2	1	–	3
8	德国	2	–	1	3
9	中国澳门	–	2	1	3
10	比利时	1	1	–	2
11	瑞士	–	1	1	2

续表

序号	国家（地区）	2019届	2020届	2021届	总人数
12	新加坡	–	1	1	2
13	澳大利亚	1	–	–	1
14	荷兰	1	–	–	1
15	中国台湾	1	–	–	1

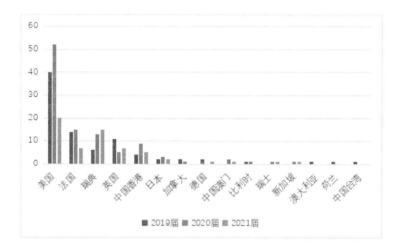

图 1-2　近 3 年出国出境情况统计

1.1.3　不同专业出国（出境）选择

表 1-7 为近 3 年本科毕业生去向专业统计表。

表 1-7　近 3 年本科毕业生去向分专业统计表

专业	2019届	2020届	2021届	总人数
电子科学与技术	8	14	2	24
电子科学与技术中英班	5	2	3	10
集成电路设计与集成系统	3	3	5	11
集成卓越班	4	6	3	13
微电子科学与工程	4	6	5	15
光电信息科学与工程	30	37	25	92
光电中法班	19	18	10	47
光电王大珩实验班	6	9	6	21
光电卓越计划实验班	6	8	1	15
总人数	85	103	60	248

光学与电子信息学院 2019 届本科毕业生共 85 人出国出境深造，其中电子科学与技术 8 人，占 9.41%；电子科学与技术中英班 5 人，占 5.88%；集成电路设计与集成系统 3 人，占 3.53%；集成卓越班 4 人，占 4.71%；微电子科学与工程 4 人，占 4.71%；光电信息科学与工程 30 人，占 35.29%；光电中法班 19 人，占 22.35%；光电王大珩实验班 6 人，占 7.06%；光电卓越计划实验班 6 人，占 7.06%。

光学与电子信息学院 2020 届本科毕业生共 103 人出国出境深造，其中电子科学与技术 14 人，占 13.59%；电子科学与技术中英班 2 人，占 1.94%；集成电路设计与集成系统 3 人，占 2.91%；集成卓越班 6 人，占 5.83%；微电子科学与工程 6 人，占 5.83%；光电信息科学与工程 37 人，占 35.92%；光电中法班 18 人，占 17.48%；光电王大珩实验班 9 人，占 8.74%；光电卓越计划实验班 8 人，占 7.77%。

2021 届本科毕业生共 60 人出国出境深造，其中电子科学与技术 2 人，占 3.33%；电子科学与技术中英班 3 人，占 5.00%；集成电路设计与集成系统 5 人，占 8.33%；集成卓越班 3 人，占 5.00%；微电子科学与工程 5 人，占 8.33%；光电信息科学与工程 25 人，占 41.67%；光电中法班 10 人，占 16.67%；光电王大珩实验班 6 人，占 10.00%；光电卓越计划实验班 1 人，占 1.67%。

1.2　国外（境外）升学与国内升学、就业的比较

近年来，国内普通高等学校数量呈增长趋势，截至 2021 年我国共有普通高校 2756 所，比 2020 年增加 18 所，高校毕业生人数也居高不下，并呈增长趋势。近年来高校毕业人数屡创新高，根据教育部公布的数据显示，2022 届高校毕业生总人数已达到 1076 万人，同比增加 167 万人，就

业形势日趋严峻。很多高校毕业生为了提高自己的专业水平和竞争力都倾向于继续深造，选择在国内继续读研或出国留学。不少学生和家长认为，出国留学相较于在国内读研有一定优势，如可以开阔视野、培养语言能力、求学年限较短等，部分高校毕业生赴境外留学也可以选择哈佛大学、芝加哥大学、斯坦福大学、麻省理工学院等世界名校就读。虽然近年受疫情影响，"留学热"有所回落，但是一些想留学的同学还是会选择境外求学，随着海内外疫情形势的逐步好转，出国申请的渠道也正在逐渐恢复和畅通。

1.2.1　国内外升学相关分析

1.2.1.1　国内升学的渠道

国内升学渠道主要是两种：推荐免试研究生、参加全国硕士研究生统一招生考试获得研究生入学资格。

推荐免试研究生即免于参加全国硕士研究生统一招生考试被推荐读研，也就是常说的"保研"。根据保送专业和学校的不同，保研可以分为本专业保研、跨专业保研，或保研本校、保研外校。但不管是否保研本专业或保研本校，前提都是必须获得所在高校的保研指标。保研本校由于"近水楼台"，一般不强制要求参加夏令营，只需要提前联系好老师，达成双方互选意向即可，而保研外校通常需要参加目标学校的夏令营来获取录取名额，部分院校还要求获评"优秀营员"。夏令营期间，大部分高校会组织笔试和面试对申请者进行考查，具体情况各高校不尽相同，有意向的同学可以通过学校官网或者咨询往年保研成功的师兄师姐来详细了解。

通常保研需要考查申请人以下几方面的素养：①政治素养。要求政治立场坚定，热爱祖国，无违纪违法行为等。②加权成绩。加权成绩（绩点）

符合学校的要求，才有资格进入推免环节，最终能否获得推免指标还要视复试的成绩而定。③科研经历或成果。本科期间如有参加学科竞赛、参与科学研究的经历及获奖成果会有额外加分，对于动手实践能力要求较高的学科，同等情况下，在申请中会有较大优势。

另一种升学途径则是参加全国硕士研究生统一招生考试获得研究生入学资格，即"考研"。思想政治理论、外国语、大学数学等公共科目由全国统一命题，专业课由各招生单位自行命题（加入全国统考的学校由全国统一命题），所以除了统考科目以外，不同高校不同专业在自命题科目上考题会不一样。考试环节分为初试与复试，只有初试通过后，才有资格进入复试环节，如笔试发挥不理想未达到复试线，达到了国家线，也可以自行寻找调剂机会。绝大多数高校的复试都是采用面试的形式，考查考生的专业知识、心理素质、逻辑思维能力等。在学校报考问题上，越来越多的同学会选择报考本校的研究生，同学们普遍认为，报考本校的显著优势主要有以下几个方面：①专业课内容熟悉。备考资源丰富，备考过程中，还可以随时向往届成功"上岸"的师兄师姐咨询请教。②导师研究方向熟悉。得益于本科阶段在专业课课堂及大学生科创活动中跟学校老师的接触，学生对本校老师相对熟悉，因此在导师和研究方向的选择上，考生有资源掌握相对全面的信息。③面试心理压力较小。相较于外校完全陌生的面试环境和面试官，本校面试场景相对熟悉，对面试官的提问风格、知识面的范围等也不会感到那么陌生，心理上的压迫感也相对较小。

1.2.1.2　国内升学优势分析

首先，国内生活更加便利熟悉。全球疫情形势下，各国防疫政策不同，防疫效果也不同，而在疫情防控常态化的趋势下，在国内深造能够获得相对安全的学习科研环境。同时，国内的语言环境、生活环境都是最熟悉的，家人朋友都能给予较多的陪伴和支持。

其次，国内外科研环境的差距日益缩小，国内目前对于科学研究也有非常大的支持。国家目前正在大力发展高新技术产业，对于科研攻关、技术创新等，给予了充分支持和各方面保障，无论是实验硬件条件、政策环境、行业前景等，在国内深造都能获得极大的支持。

最后，相较海外留学，国内升学所面对的经济压力更小。我国建立了完善的助学金和奖学金制度，基本可以抵消研究生阶段的学费、住宿费、个人生活费等，减轻同学们的压力，甚至有不少同学还会有富余。同等情况下，海外留学虽然也有机会获得奖学金，但绝大部分发达国家的消费水平仍然远高于国内，对很多家庭来说，留学费用仍然是一笔不小的开支。

1.2.1.3 海外（境外）升学优势分析

近年来，虽然受疫情及国际形势影响，"留学热"有所回落，但是出国留学的总人数仍然呈高位增长的趋势，跟国内升学相比，不少学生和家长仍然认为留学有着国内升学不可比拟的优势。

第一，提升语言能力，接触不同的教育理念。出国留学最明显的优势就是可以提高学生的语言能力，学生置身于全外语教学的环境中，对于学生语言能力的提升是很有帮助的。同时，学生在国外的学校能够感受国外的教育理念，大部分外国的大学更加注重理论与实践相结合，学生在这样的教育环境下成长，会增强自己动手实践的能力。

第二，开阔眼界，增长见识。所谓"读万卷书，不如行万里路"，踏出国门，能够见识到异国文化，感受到当地的风土人情、生活习惯以及思想文化。一段海外学习生活经历，能够极大地拓展学生的眼界，以更加包容的态度认识世界，去面对世界文化、历史、经济的多样性，在丰富自己的精神世界的同时找到自己兴趣所在。

第三，锻炼独立的生活能力。出国留学的学生身处异国，很多时候都需要他们独立地去解决问题。学生要自己想办法学习如何在新环境中与来自不同国家的老师和学生相处。在此过程中，学生不仅能够锻炼自己的独立自主能力，还能在人际交往方面得到提升。与此同时，在出国留学的过程中，学生可以在与不同文化、不同个性的人群的接触中提高自己的包容性。

第四，降低竞争压力。国内升学竞争压力较大，考研人数逐年上升，资源紧张且名额有限，大部分学生陷入激烈的"内卷"之中，而留学因为经济实力、外语水平等各方面的门槛较高，所以一定程度上能降低竞争压力，实现"曲线救国"，提升学历层次。同时，国外的大多数大学在教学模式和就业率等方面也都有很强的竞争力。

1.2.2　国内协议就业相关分析

据麦可思一项最新的研究显示，近 3 年，72 所"双一流"大学的国内升学率连年上升，我院本科毕业生深造比例也连续 5 年增长，2022 届毕业生深造比例突破80%，但是我院每年仍有约20%的同学选择直接协议就业，且就业质量维持较高水平。我院本科生协议就业主要是前往民营企业与国有企业，也有部分同学前往外资与合资企业，还有少部分同学走上了选调生、公务员等工作岗位。

就业途径主要包括参与校园招聘会、自行网申投递简历以及校友内推等。由于我校是优质生源地，每年都向社会输入大量高质量的产业人才，所以我们的学生也深受用人单位喜爱。学校每年都会举办多场招聘会，各个企业的代表会来学校，学生可以与企业负责人面对面交流了解企业的具体情况，也可以主动去网上了解各个公司的招聘活动，利用各大招聘平台或者公司自己的渠道把简历投递出去。如果有认识的师兄师姐在意向公司工作，也可以联系他们获取内推机会，更容易通过初面关。华中科技大学作为985、双一流高校，各个公司对我校的本科生认可度很高，只要是有就业意愿的同学，本科毕业基本都能找到自己心仪的工作，即使是在疫情影响就业市场的形势之下，我校、我院的毕业生也能实现高质量就业。

实践是检验一切的真理，通过工作实践，不断修正自身不足，切实提高自身综合素质。在本科毕业后就业，可以尽早积累工作经验，如今各个行业飞速发展，尽早入行也可以尽早获取公司以及整个行业发展进步带来的红利。前面所提到的国内升学与国外（境外）升学都是继续深造的方式，而本科直接就业则是另一条完全不同的发展道路，它们都有各自的特点，同学们需要根据自身的情况与发展规划尽早做出最适合自己的选择。

第 2 章　专业及院校介绍
——电子工程专业（EE）分支解析

　　电子工程是一门应用计算机等现代化技术进行电子信息控制和信息处理的学科，主要研究信息的获取与处理，电子设备与信息系统的设计、开发、应用和集成等。

　　从某种意义上讲，电子工程的发达程度反映了国家的科技水平。正因如此，电子工程的教育和科研一直在发达国家大学中占据十分重要的地位。

　　Electrical Engineering（简称 EE），有些学校会称之为 ECE(Electrical and Computer Engineering)，个别学校会将 EE 和 CS（Computer Science）放在一起，称为 EECS。

　　以下将详细介绍美国、英国和部分其他国家的电子工程类专业情况。

2.1 美国电子工程专业（EE）及院校介绍

2.1.1 学位介绍

美国电子工程专业（EE）学位介绍如表 2-1 所示。

表 2-1 美国电子工程专业（EE）学位介绍

学位	Master of Science（后文简称为 M.S.，理学硕士）	Master of Engineering（后文简称为 M.Eng.，工程硕士）	Doctor of Philosophy（后文简称为 Ph.D.，博士学位）
特点	1.5 ~ 2 年	1 ~ 1.5 年	5 ~ 7 年
	就业 / 学术导向	就业导向	研究型
	适合当作 Ph.D. 的跳板	适合毕业后找工作	学者、大学教授、研究员等

2.1.2 常见分支

● Telecommunications/Communications and Network（通信与网络）

● Computer Engineering（计算机科学与工程）

● Signal Processing（信号处理）

● Control Systems（系统控制）

● Electronics（电子学）

● Power（电力）

● Microelectronics（电磁学）

● Materials Science and Instrumentation/Device（材料与装置）

● Bioengineering/Bioelectrical Engineering（生物工程）

● Microelectronics/Microsystemantics（微电子 / 微系统学）

● Optics and Photonics（光子学与光学）

2.1.3　分支详解

2.1.3.1　通信与网络

包括无线网络与光网络、移动网络、量子与光通信、信息理论、网络安全、网络协议与体系结构、交互式通信、路由算法、多点传送协议、网络电化学、带宽高效调制与编码系统、网络差错控制理论与应用、多维信息与通信理论、快速传送链接、服务质量评价、网络仿真工具、神经网络、信息的特征提取传送储存及各种介质下的信息网络化问题，包括大气空间光纤电缆等介质。

它是电子工程专业（EE）最热的方向，竞争异常激烈。此方向与信号处理、计算机、控制与光学等广泛交叉，适合有以上相关背景的人申请。

特色院校：

● University of Maryland（马里兰大学）：通信方向顶尖院校之一，在ECE 系下，申请难度非常大，不容易录取。电子与计算机工程专业（ECE）硕士约 65 人，博士 255 人。通信和信号系统方向教授众多，一般院校会建议学生转申单独的通信工程硕士（Master's Program in Telecommunications），但不在 ECE 系下面，申请难度也比 ECE 低些，属于跨系合作项目，需修一些商科课程。

● Cornell University（康奈尔大学）：世界上最早开设电子工程课程的学校，有通信和信号系统领域学术成就极高的教授，比如 Lang Tong，Zygmunt J. Haas 等。

2.1.3.2 计算机科学与工程

此方向研究领域非常宽广，包括计算机图形学、计算机视觉技术、口语系统、医学机器人、医学视觉、移动机器人学、应用人工智能、生物机器人及其模型。还包括医疗决策系统、计算机辅助自动化、计算机体系结构、网络与移动系统、并行与分布式操作系统、编程方法学、可编程系统研究、超级计算机技术、复杂性理论、计算与生物学、密码学与信息安全、分布式系统理论、先进网络体系结构、并行编辑器与运行时间系统、并行输入输出与磁盘结构、并行系统、分布式数据库与交易系统、在线分析处理与数据开采中的性能分析。

与 CS 广泛交叉，很多国内学习计算机的学生也竞相申请，此方向更倾向于机器人、AI 以及密码学与信息安全方面，因在国外就业较好，这两年此方向的竞争越加激烈。不过有些学校单独开设了此方向的硕士项目，可尝试申请。

特色院校：

● University of Southern California（南加利福尼亚大学）（CE）

● Columbia University（哥伦比亚大学）（CE）

● Texas A&M University（得州农工大学）（CE）

● Virginia Polytechnic Institute and State University（弗吉尼亚理工大学）（CPE）

● Northwestern University（西北大学）（CE）

● University of Pennsylvania（宾夕法尼亚大学）（Embedded System）

● Arizona State University（亚利桑那州立大学）（CENG）

● University of California–Irvine（加利福尼亚大学欧文分校）（CE）

● Boston University（波士顿大学）（CE）

2.1.3.3　信号处理

信号处理是电子电气工程的基础，包含报刊声音与语言信号的处理、图像与视频信号处理、生物医学成像与可视化、成像阵列与阵列信号处理、自适应与随时间变化的信号处理、信号处理理论、大规模集成电路 VLSI 体系结构、实时软件、统计信号处理等。该方向中各个分支都具有很强的应用性，可以应用在制造业、航空航天业、医学界以及军事领域等，就业前景比较广泛。

特色院校：

● University of San Francisco（USF）（旧金山大学）

特色：心室颤动成像、人脑计算机接口、人机接口。

研究方向：无线社交传感网络、无线传感器网络受损节点检测等。

● University of Iowa（艾奥瓦大学）

特色：计算机视觉技术及统计性信号处理。

研究方向：医学成像、计算机视觉技术、统计信号处理、CDMA、多信号输入输出。

● University of Arizona（亚利桑那大学）

特色：模式识别技术，倾向生物医学（心脏核磁成像、亚显微 3D 成像）。

研究方向：医学成像、人像识别、数字成像水印等。

2.1.3.4　系统控制

包括最优控制、多变量控制系统、大规模动态系统、多变量系统的识别、制造系统、最小最大控制与动态游戏、用于控制与信号处理的自适应系统、随机系统等。

特色院校：

● University of Notre Dame（圣母大学）：网络控制专业实力较强，尤其是控制方向，主要方向是网络物理系统。

● Georgia Institute of Technology（GT）（佐治亚理工学院）：研究方向包括数字化系统理论、离散事件系统与杂和系统、非线性控制、计算机视觉技术、智能控制、传感器技术、机器人等。

● University of Illinois at Urbana–Champaign (UIUC)（伊利诺伊大学厄巴纳–香槟分校）：研究方向包括视觉控制、可靠鲁棒控制、自适应控制和识别、集中和分布式控制等。

● Purdue University（普渡大学）：研究方向包括鲁棒控制、在线和分布式优化、控制系统中的故障检测和识别、学习方法、免疫系统建模、神经网络的控制、模糊系统和容错机器人操纵器等。

● Rensselaer Polytechnic Institute (RPI)（伦斯勒理工学院）：研究方向包括控制方向、机器人及其自动化。

2.1.3.5 电子学

本领域包括微电子学与微机械学、纳米电子学、超导电路、电路仿真与装置建模、集成电路设计、大规模集成电路中的信号处理、易于制造的集成电路设计、集成电路设计方法学、数字与模拟电路、数字无线系统、RF电路、高电子迁移三极管、雪崩光电管、声控电荷传输装置、封装技术、材料成长与其特征化。

特色院校：

● University of Massachusetts Amherst（马萨诸塞大学阿默斯特分校）
特色：可重构计算回路、低功率集成电路设计技术。
其他方向：嵌入式安全整合、网络安全等。

● Columbia University（哥伦比亚大学）

研究集成电路的主要实验室有 Columbia Integrated Systems Laboratory（CISL）哥伦比亚综合系统实验室、Bioelectronic Systems Laboratory 生物电子系统实验室、Columbia high-Speed/MmWave IC Lab（CoSMIC Lab）哥伦比亚高速 / 微波 IC 实验室。

2.1.3.6　电力

主要包括电器材料学与半导体学、电力电子及装置、电机、电动车辆、电力系统动态与稳定性、电力系统经济型运行、实时控制、电能转换、高压电工程等。可分为三大方向：电力电子学、电力机械、电力系统。

特色院校：

● University of Illinois at Urbana-Champaign（UIUC）（伊利诺伊大学厄巴纳 – 香槟分校）：电力方向顶尖院校，有很好的工程学院（比如 Grainger），有诸多知名教授（比如 Krein）。

● Georgia Institute of Technology（GT）（佐治亚理工学院）：电力方向顶尖院校，尤其是电力系统和电力能量方向。

● University of Michigan（UMich）（密歇根大学）：能源科学和工程方向实力较强，知名教授多。

申请特点：

（1）并非所有院校的 EE 都下设此方向。

（2）能源方向研究经费较多。

2.1.3.7　电磁学

包括卫星通信、微波电子学、遥感、射电天文学、雷达天线、电磁波理论及应用、无线电与光系统、光学与量子电子学、短波微光、光信息处理、超导电子学、微波磁学、电磁场与生物媒介的相互作用、微波与毫米波电路、微波数字电路设计、用于地球遥感的卫星成像处理、亚毫米大气成像辐射线测定、矢量有限元、材料电气特性测量方法、金属零件缺陷定位等。

特色院校：

● Michigan State University（密歇根州立大学）：智能天线（用于检测信号变化）、新系统雷达系统设计、射频天线（用于胸腺癌诊断）。

● Texas A&M University（TAMU）（得克萨斯农工大学）：电磁学与微波组合，研究天线、电磁学理论、电磁波分布、主动和被动微波和毫米波电路、线性和非线性光波、微波导向系统和微带天线。

2.1.3.8　材料与装置

这一学科包括光电子装置仿真，结构电子学，半导体与微电子学，磁性材料，介电材料与光材料及其装置，固态物理及其应用，小型机械结构及其激励器，微机械与纳米机械装置，物理、化学和生物传感器，设备建模与仿真，纳米加工与新装置，微细加工，超导电子学。

2.1.3.9　生物工程

利用电子电气技术进行生物生命科学研究，是目前世界的潮流。此方面包括生物仪器、生物传感器、计算神经网络、生物医学超声学、微机电系统、神经系统中信号的传递预编码等。

特色院校：

● Cornell University（康奈尔大学）：包括生物医学工程，生物信号、系统和应用，计算机辅助诊断，图像分析，纳米生物应用等。

● Georgia Institute of Technology（GT）（佐治亚理工学院）：包括生物工程、生物 MEMS、神经工程医学成像和信号处理等。

●Stanford University（斯坦福大学）：包括生物工程，影像、仪器设备等。

很多学校有单独的 BME 硕士项目，比如 OSU、Rutgers、Brown、UNC。

2.1.3.10　微电子／微机电系统

微结构作为微电子学的发源学科，产生了另一个新的重要研究领域——微机电系统。微机电系统是一个多学科交叉十分明显的领域，对于很多工程与科学研究领域有着重大的影响，尤其是在电气工程、机械工程和生物工程等方面。微机电的基础研究是微制备技术的加工知识、制造微型结构的方法。

特色院校：

●Texas A&M University（TAMU）（得克萨斯农工大学）：器件科学和纳米技术方向教授数量众多，有四个该方向的实验室。

●The University of Texas at Austin（得克萨斯大学奥斯汀分校）：研究方向包括固体电子学，研究电子、电子光学，以及微、纳米电机设备的研发和改进。

2.1.3.11　光子学与光学

光电子学装置、超快电子学、非线性光学、微光子学、三位视觉、光通信、X 光与远紫外线光学、光印刷学、光数据处理、光计算、光数据存储、光系统设计与全息摄影、体全息摄影研究、复合光数字数据处理、图像处理与材料光学特性研究。

三大光学中心：

●The University of Arizona（UA）（亚利桑那大学）：偏工程，各分支很全。

●University of Central Florida（中佛罗里达大学）：偏工程，液晶和激

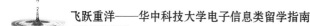

光专业实力强劲。

● University of Rochester（罗彻斯特大学）：偏理论。

EE 系偏重于工程应用领域的研究，如光通信、光电子器件等；Physics 系偏重于理论的研究，如量子光学、非线性光学等。

注：Physics 系下的光电比 EE 系下的难申请，EE 系下的光电好申请一些。很多学校 Physics 系下只有 Ph.D. 的项目，倾向于有较强科研背景的学生。

2.1.4 就业方向

学术界：博士—博士后—助理教授—副教授—正教授；

工业界：苹果、Facebook、IBM、自主创业等；

商业界：投行、基金、量化交易等。

工业界就业方向详解：

● Computer Networking（网络 / 网络安全 / 无线网络）：与工业界联系紧密，研究课题实用，代表公司有 Cisco、Juniper、华为等。

● Communications and Signal Processing（通信和信号处理）：就业压力较大，其中通信网络行业（Wireless Communication）市场很大，但同时吸收计算机行业的毕业生。

● Renewable Energy（新能源）：从市场需求到政府支持都很充足，但具有一定风险，自主创业较多，可能不够稳定。

● Biomedical（生物医疗）：生物医疗器械行业，可以拓宽到生物技术或者制药行业。如果研究方向对口，可以进入 GE、Phillips、Boston Scientific 等公司，就业前景非常好。

● Digital/Analog Integrated Circuit Design（数字 / 模拟电路设计）：EE/ECE 龙头方向，科研项目与工业界联系非常紧密，代表公司有 Intel,

NVDIA，IBM 等。

● Micro-Electro-Mechanical Systems(MEMS)（微电子机械系统）：在美国的科研环境很好，但在工业界是一个较新的方向，代表公司有 Analog, Qualcomm 等。

● Optics（光电方向）：OE 设备设计范围较广，Corning、IBM、Intel 等公司都有很多相关的研发工作。

2.1.5　申请要求

2.1.5.1　专业背景要求

国内对应的本科专业包括电子工程、通信工程、电信工程、信息工程、电气工程自动化、微电、光电信息、精密仪器、测控技术和仪器等。物理、材料科学与工程等专业也可以转申 EE。

2.1.5.2　课程背景要求

EE 专业对于申请者的课程背景要求，主要包括以下五类：

● 数学类课程：微积分、高等数学、线性代数、概率与数理统计；

● 计算机类课程：计算机基础、C 语言、Java、数据库等；

● 物理类课程：大学物理、物理实验、流体力学等；

● 专业相关课程包括专业基础课：电路基础、模拟电子技术、数字电子技术、单片机原理及应用等；

● 各个分支需要的专业核心课程：通信电路、控制系统技术、超大规模集成电路设计、电力电子基础等。

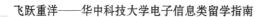
2.1.5.3 科研、实习、竞赛方面要求

学术研究型项目：如各种校内校外科研项目、专业类竞赛活动（如电路设计大赛、机器人比赛）、美国数学建模大赛、海外假期科研项目、国内外学术论文期刊发表等。

专业相关实习经历或工作经验：电气工程专业主要关注学生的学术科研背景，但如果学生能在名企有较长较深入的科研类实习经历，可为申请加分。

2.1.6 院校介绍及申请要点

2.1.6.1 Massachusetts Institute of Technology 麻省理工学院

专业排名：1

综合排名：2

介绍：

麻省理工学院无论是在美国还是全球都有非常重要的影响力，培养了众多对世界产生深远影响的人士，是全球高科技和高等研究的先驱领导大学。

麻省理工学院工程学院是麻省理工学院的五所学院之一，位于马萨诸塞州。有 8 个学术部门和 2 个跨学科的机构。学院设有奖学金，开设学位有工学硕士、理学硕士和博士学位。

项目名称：

M.S. in Electrical Engineering and Computer Science（电子工程和计算机科学硕士）

Ph.D. in Electrical Engineering and Computer Science（电子工程和计算机

科学博士）

研究领域：Information, System, and Network Science（信息、系统与网络科学）、Integrated Electronic and Photonic Systems（集成电子与光子系统）、Physical Science, Devices, and Nanotechnology（物理科学、仪器及纳米技术）、Bioelectrical and Biomedical Engineering（生物电气与生物医学工程）、Artificial Intelligence（人工智能）、Computer Systems, Networks, and Architecture（计算机系统、网络及架构）、Theory of Computer Science（计算机科学理论）。

申请要点：

GRE：非必须（该校官网信息指出 GRE 成绩不做要求，但建议报考 GRE）。

语言要求：TOEFL 总分不低于 100 分，没有单项要求；或 IELTS 总分不低于 7.0 分，没有单项要求。

2.1.6.2　Stanford University 斯坦福大学

专业排名：2

综合排名：6

介绍：

斯坦福大学工程学院于 1925 年成立，但自 1891 年斯坦福大学创立以来，工程学院已经成为斯坦福教育和科研不可分割的部分。三分之一的教职科研人员和五分之二的学生都来自工程学院。当今，工程学院研究生和本科生分别占斯坦福研究生的 40% 和本科生的 20%。

学院有 10 个学术部门，并提供了众多的跨学科研究和学位课程。部门间的研究团队定期交流，合办院系定期会议，寻求院系间的合作并为学生提供学术机会。

项目名称：

M.S. in Electrical Engineering（电子工程硕士）

Ph.D. in Electrical Engineering（电子工程博士）

研究领域：Physical Technology & Science（物理科学与技术）、Information Systems & Science（信息科学与技术）、Hardware/Software Systems（硬件 / 软件系统）、Biomedical（生物医学）、Energy（能源）。

申请要点：

GRE：非必须（该校官网信息指出 GRE 成绩不做要求，但建议报考 GRE）。

硕士语言要求：TOEFL 总分无硬性要求，但建议大于 89 分；不接受 IELTS 成绩；分数自考试日期起 18 个月内有效。例如，2019 年秋季申请，托福成绩有效期必须为 2017 年 3 月 1 日或之后。

博士语言要求：TOEFL 总分无硬性要求，但建议大于 100 分；不接受 IELTS 成绩；分数自考试日期起 18 个月内有效。

2.1.6.3 University of California，Berkeley 加利福尼亚大学伯克利分校

专业排名：3

综合排名：22

介绍：

加利福尼亚大学伯克利分校在学术界享有盛誉，伯克利是加利福尼亚大学 10 所校区中历史最悠久的，也是美国最自由、最激进的大学之一。该校学生于 1964 年发起的"言论自由运动"对美国社会产生了深远的影响，影响了几代美国人对政治和道德的看法。伯克利还是世界数学、自然科学、计算机科学和工程学最重要的研究中心之一。

多位诺贝尔奖、菲尔兹奖（数学界最高奖）得主在伯克利工作或学习过，伯克利还拥有世界最多的图灵奖得主。数学大师陈省身在此建立了美国国家数学科学研究所（MSRI）；在此任教的"原子弹之父"罗伯特·奥本海默领导制造出了世界上第一颗原子弹；诺贝尔物理学奖得主欧内斯特·劳伦斯在此发明了回旋加速器，并建立了美国顶级国家实验室劳伦斯 – 伯克利国家实验室；诺贝尔化学奖得主格伦·西奥多·西博格等人在此发现了16 种化学元素，在世界上遥遥领先，其中第 97 号元素"锫"（Bk）更是以"伯克利"（Berkelium）命名；在工程和计算机科学领域，伯克利为旧金山南湾的硅谷培养了大量人才，包括英特尔公司创始人之一的戈登·摩尔和苹果公司创始人之一的斯蒂夫·沃兹尼亚克。

加利福尼亚大学伯克利分校的工程学院被誉为"世界顶尖工程师的摇篮"。由于毗邻硅谷，众多学生在毕业后都进入了顶尖的科技公司，如微软、谷歌、苹果等。伯克利的工程学院一直以来都与斯坦福大学、麻省理工学院的工程学院一起位列全美前三。

项目名称：

M.Eng. in Electrical Engineering & Computer Sciences（电子工程与计算机科学工程硕士）

M.S. in Electrical Engineering & Computer Sciences（电子工程与计算机科学硕士）

Ph.D. in Electrical Engineering & Computer Sciences（电子工程与计算机科学博士）

研究领域： Artificial Intelligence（人工智能）、Computer Architecture & Engineering（计算机架构及工程）、Biosystems & Computational Biology（生物系统和计算生物学）、Control, Intelligent Systems, and Robotics（控制、智能系统和机器人学）、Communications & Networking（通信与网络）、

Cyber–Physical Systems and Design Automation（网络物理系统和设计自动化）、Database Management Systems（数据库管理系统）、Design, Modeling and Analysis（设计、建模与分析）、Education（教育）、Energy（能源）、Graphics（图形学）、Human–Computer Interaction（人机交互）、Integrated Circuits（集成电路）、Micro/Nano–electro Mechanical Systems（微纳电子机械系统）、Operating Systems & Networking（操作系统及网络）、Physical Electronics（物理电子学）、Programming Systems（编程系统）、Scientific Computing & Security（科学计算与安全）、Signal Processing Theory（信号处理理论）。

申请要点：

（1）M.Eng.：

平均录取率：12%。

GPA：不低于 3.0 分，成功的申请者平均 GPA 为 3.7 分。

GRE：非必须（该校官网信息指出 GRE 成绩不做要求，但建议报考 GRE）。

语言要求：TOEFL 总分不低于 90 分，成功的申请者平均分为 100 分；IELTS 总分不低于 7.0 分，没有单项要求；对于 2019 年秋季申请，成绩有效期必须为 2017 年 6 月 1 日或之后。

（2）M.S. 和 Ph.D.：

GPA：不低于 3.0 分。

GRE：必须提供，没有最低分数要求。

语言要求：TOEFL 总分不低于 90 分，没有单项要求；或 IELTS 总分不低于 7.0 分，没有单项要求；对于 2019 年秋季申请，成绩有效期必须为 2017 年 6 月 1 日或之后。

2.1.6.4　California Institute of Technology 加州理工学院

专业排名： 4

综合排名： 9

介绍：

加州理工学院创建于 1891 年，是一所位于美国加利福尼亚州帕萨蒂纳的小型私立综合性全国大学，主校区占地面积约 124 英亩（约 501810 平方米），该校离洛杉矶市仅 18 公里（即 18 千米）。该校由美国企业家、政治家阿默斯·G. 史路普（Amos G. Throop）一手建立。1934 年加州理工当选为美国大学联盟成员；在 1936 年到 1943 年，该校一直管理运营美国宇航局喷气推进实验室。尽管学校规模较小，但丝毫不影响其师资力量与教学实力；学校共产生了 33 位诺贝尔奖得主，并一度与麻省理工学院不相上下。帕萨蒂纳是美国加利福尼亚州南部洛杉矶县的一座城市，位于洛杉矶东北部，因其玫瑰碗和每年的玫瑰花车游行而闻名。帕萨蒂纳是美剧生活大爆炸（*The Big Bang Theory*）故事发生所在地，其四位男主角均供职于加州理工学院。

项目名称：

M.S. in Electrical Engineering（电子工程硕士）

Ph.D. in Electrical Engineering（电子工程博士）

研究领域： Bio-Electronics and Bio-Optics（生物电子学与生物光子学）、Circuits and VLSI（电路与超大规模集成电路）、Control（控制论）、Devices（仪器学）、Electromagnetics, Optics, and Optoelectronics（电磁学、光学与光电子学）、Energy（能源）、Image Processing and Vision（图像处理与视觉）、Information Theory（信息理论）、Learning, Pattern Recognition, and Neural Networks（学习、模式识别与神经网络）、MEMS and

Micromachining（MEMS 与微加工）、Networks and Wireless Communication（网络与无线通信）、RF, Microwave Circuits, and Antennas（射频、微波电路与天线）、Robotics（机器人学）、Signal Processing（信号处理）。

申请要点：

GPA：没有最低分数要求，通常成功的申请者分数在 3.5 分以上。

GRE：必须提供，没有最低的分数要求，通常成功的申请者平均分数为 90% 以上。

语言要求：TOEFL 或 IELTS，没有最低分数要求。

2.1.6.5 University of Illinois at Urbana – Champaign 伊利诺伊大学厄巴纳－香槟分校

专业排名：4

综合排名：47

介绍：

伊利诺伊大学厄巴纳－香槟分校，建立于 1867 年，位于伊利诺伊州幽静的双子城厄巴纳－香槟市，是一所享有世界声望的一流研究型大学。该校是美国"十大联盟"（Big Ten）创始成员，美国大学协会（AAU）成员，被誉为"公立常春藤"。很多学科素负盛名，其工程学院在全美乃至世界堪称顶级，始终位于美国大学工程院前十名，几乎所有工程专业均在全美排名前十，电气、计算机、土木、材料、农业、环境、机械等专业排名全美前五。

工程学院是伊利诺伊大学厄巴纳－香槟分校科研的核心，早年学院以约翰·巴丁教授发明的晶体管技术为出发点，在物理系的蓬勃发展下不断分离出新的工程专业和研究所。工程学院有 26 个研究中心、10 个主要实验室和 9 个附属项目。学院还是美国国家超级计算应用中心所在地和美国能源署高级火箭模拟中心所在地。由该校电气工程系校友威廉·华莱士·格兰杰（William Wallace Grainger）于 1994 年捐资助建的格兰杰工程图书馆（Grainger Engineering Library）是全球最大、最先进的工程类图书馆。

项目名称：

M.Eng. in Electrical and Computer Engineering（电子与计算机工程硕士）

M.S. in Electrical and Computer Engineering（电子与计算机工程硕士）

Ph.D. in Electrical and Computer Engineering（电子与计算机工程博士）

研究领域： Biomedical Imaging, Bioengineering, and Acoustics（生物医学成像、生物工程与声学）、Circuits and Signal Processing（电路与信号处理）、Communications and Control（通信与控制）、Computing Systems Hardware and Software（计算机系统硬件与软件）、Electromagnetics, Optics and Remote Sensing（电磁学、光学与遥感）、Microelectronics and Photonics（微电子与光子学）、Nanotechnology（纳米技术）、Networking and Distributed Computing（网络与分布式计算）、Power and Energy Systems（电力与能源系统）、Reliable and Secure Computing Systems（可靠与安全计算系统）。

申请要点：

GPA：不低于 3.0。

GRE：必须提供，没有最低分数要求。

语言要求：TOEFL 总分不低于 102 分，没有单项要求；或 IELTS 总分不低于 7.0 分，单项不低于 6.0；若申请者 TOEFL 总分为 96 分，或 IELTS 总分 6.5 分单项 6.0 分，可以读语言课。

2.1.6.6　Georgia Institute of Technology 佐治亚理工学院

专业排名：6

综合排名：38

介绍：

佐治亚理工学院是美国一所综合性公立大学，建于 1885 年，与麻省理工学院及加州理工学院并称为美国三大理工学院。学校总部位于美国佐治亚州首府亚特兰大市，与埃默里大学及佐治亚州立大学同处于一个城市。除了位于亚特兰大市的主校区，该校在佐治亚州沙瓦纳和法国洛林大区的首府梅斯开设了分校。对于想申请理工科的学生而言，佐治亚理工学院有以下几个优点。

第一，学费低，在众多公立名校学费升至四万美元之际，佐治亚理工学院始终提供低学费、高教学质量的高等教育。

第二，在校生中海外生占的比例大，约为 12%。

第三，拥有享誉国际的教职工队伍。全校 1100 名教职工中 94% 拥有博士文凭，64% 为终身聘任教授。

因此，对于渴望读美国大学理工专业的中国学生而言，佐治亚理工学院是个不可忽视的选择。

佐治亚理工学院的工程学院历史跨度超过 125 年，自 1888 年机械工程类工程学院成立以来，已经发展成为独立的工学院，包含 10 多个领域。学院提供航空航天、化工、土木工程、电气工程、工业、机械、材料工程、生物医学和生物分子工程、聚合物、纺织与纤维工程等方向的课程。

项目名称：

M.S. in Electrical and Computer Engineering（电子与计算机工程硕士）

Ph.D. in Electrical and Computer Engineering（电子与计算机工程博士）

研究领域： Bioengineering（生物工程）、Computer Systems and Software（计算机系统与软件）、Digital Signal Processing（数字信号处理）、Electrical Energy（电力能源）、Electromagnetic（电磁学）、Electronic Design and Applications（电子设计与应用）、Microelectronics/Microsystems（微电子学与微系统）、Optics and Photonics（光学与光子学）、Systems and Controls（系统与控制）、Telecommunications（电信）、VLSI Systems and Digital Design（超大规模集成电路系统与数字设计）。

申请要点：

GPA：硕士不低于 3.25 分，博士不低于 3.5 分。

GRE：必须提供，单项要求不低于 Verbal 146、Quantitative 155、Analytical Writing 3.5 分。

语言要求：TOEFL 总分不低于 100 分，单项不低于 19 分；不接受 IELTS 成绩。

2.1.6.7　University of Michigan，Ann Arbor 密歇根大学安娜堡分校

专业排名： 6

综合排名： 23

介绍：

密歇根大学安娜堡分校是密歇根大学的旗舰校区，因此通常"密歇根大学"就能代指"密歇根大学安娜堡分校"。它是位于美国密歇根州的一所世界著名的公立大学，于 1817 年建校，是美国历史最悠久的大学之一，在世界范围内享有盛誉。

密歇根大学安娜堡分校建校以来，在各学科领域中成就卓著并拥有巨大影响，多项调查显示该大学超过 70% 的专业排在全美前 10 名，被誉为"公立常春藤"，与加利福尼亚大学伯克利分校以及威斯康星大学被并称为"公

立大学典范"。

密歇根大学安娜堡分校的工程学院是美国首屈一指的工程学院。在不同的排名系统中，该学院经常能在美国和全世界学校排名中名列前 15 名。

项目名称：

M.S. in Electrical and Computer Engineering（电子与计算机工程硕士）

Ph.D. in Electrical and Computer Engineering（电子与计算机工程博士）

研究领域： Applied Electromagnetics and RF Circuits（应用电磁学和射频电路）、Computer Vision（机器视觉）、Control Systems（控制系统）、Embedded Systems（嵌入式系统）、Energy Science and Engineering（能源科学与工程）、Engineering Education Research（工程教育研究）、Integrated Circuits and VLSI（集成电路和超大规模集成电路）、MEMS and Microsystems（微机电系统与微系统）、Network, Communication, and Information Systems（网络、通信和信息系统）、Optics and Photonics（光学与光子学）、Plasma Science and Engineering（等离子体科学与工程）、Power and Energy（电力与能源）、Quantum Science and Technology（量子科学与技术）、Robotics and Autonomous Systems（机器人与自动系统）、Signal & Image Processing and Machine Learning（信号与图像处理和机器学习）、Solid-State Devices and Nanotechnology（固态设备与纳米技术）。

申请要点：

先修课：修读物理、微积分、数学、计算机科学等基础课程。

GPA：不低于 3.5 分。

GRE：不低于 50%，通常成功的申请者平均分数为 324 分。

语言要求：TOEFL 总分不低于 84 分，没有单项要求；或 IELTS 总分不低于 6.5 分，没有单项要求。

2.1.6.8 Carnegie Mellon University 卡内基梅隆大学

专业排名：8

综合排名：25

介绍：

卡内基梅隆大学是美国一所著名的研究型大学。该校拥有全美顶级的计算机学院和戏剧学院，该校的艺术学院、商学院、工学院以及公共管理学院也都名列前茅。

卡内基梅隆大学的两位创始人——卡内基和梅隆，均为美国近代史上举足轻重的人物。安德鲁·卡内基（Andrew Carnegie）是20世纪初美国四大财阀之一，其财富在整个人类历史上居于第二位，仅次于石油大王洛克菲勒。1912年，学校改名为卡内基工学院（Carnegie Institute of Technology），并提供四年制学位，转为以研究为主。1913年，银行家安德鲁·威廉·梅隆（Andrew William Mellon）创立梅隆工业研究所（Mellon Institute of Industrial Research）。1917年学校设立全美第一个戏剧学院，提供了戏剧相关的学士学位，致力于艺术人才的培育。1967年，梅隆学院和卡内基学院的董事会决定将两所学院合二为一，并取名为卡内基·梅隆大学。

项目名称：

M.S. in Electrical and Computer Engineering（电子与计算机工程硕士）

Ph.D. in Electrical and Computer Engineering（电子与计算机工程博士）

研究领域：Energy（能源）、Healthcare & Quality of Life（医疗保健与生活健康）、Mobile Systems（移动系统）、Smart Infrastructure (TBD)（智能基础设施）、Beyond CMOS、Compute/Storage Systems（计算/储存系统）、Cyber–Physical Systems（网络–物理系统）、Data/Network Science（数据与

网络科学）、Secure Systems（安全系统）。

申请要点：

GRE：必须提供，没有最低分数要求。

语言要求：TOEFL 总分不低于 84 分，单项要求 R 22/L 22/S 18/W 22 分；或 IELTS 总分不低于 7.0 分，单项要求 R 6.5/L 6.5/S 6/W 6 分。

2.1.6.9　Cornell University 康奈尔大学

专业排名：9

综合排名：17

介绍：

康奈尔大学工程学院成立于 1865 年，当年是机械工程与力学学院的一个部门。目前工程学院授予学士、硕士和博士学位。学院提供 450 多门工程课程，并拥有超过 1.12 亿美元的年度研究预算。康奈尔的工程学院已经被《美国新闻与世界报道》（*U.S.News & World Report*）评为全美七大工程项目之一。康奈尔的工程物理课程在 2008 年的 U.S.News 世界大学排名（后文简称为"U.S.News 排名"）中位列全美第一。康奈尔的 ECE 在全国排名第九。ECE 系的使命是为学生提供在科学，数学，计算和技术方面具有坚实基础的电气和计算机工程方向的广泛而卓越的教育。

项目名称：

M.Eng. in Electrical and Computer Engineering（电子与计算机工程硕士）

Ph.D. in Electrical and Computer Engineering（电子与计算机工程博士）

研究领域：Computer Engineering（计算机工程）、Information, Systems and Networking（信息、系统与网络）、High Energy Density Plasma Physics, Electromagnetics（高能量密度等离子体物理学与电磁学）、Solid State Electronics, Optoelectronics, MEMs（固体电子学、光电子学与 MEMS）、

Bio-Electrical Engineering（生物电子工程）。

申请要点：

（1）硕士：

GPA：3.5+。

GRE：必须提供，单项要求不低于 Verbal 153、Quantitative 159、Analytical Writing 5.0 的成绩。

语言要求：TOEFL 单项要求不低于 L 15/W 20/R 20/S 22 分；或 IELTS 总分不低于 7.0 分，没有单项要求。

（2）博士：

GRE：必须提供，没有最低分数要求，学校希望提供 Verbal 153、Quantitative 159、Analytical Writing 5.0 的成绩。

语言要求：TOEFL 单项要求不低于 L 15/W 20/R 20/S 22 分；或 IELTS 总分不低于 7.0 分，没有单项要求。

2.1.6.10　Princeton University 普林斯顿大学

专业排名：9

综合排名：1

介绍：

普林斯顿大学是美国一所享誉世界的私立研究型大学，八所常春藤盟校之一。学校于 1746 年在新泽西州伊丽莎白镇创立，是美国殖民地时期成立的第 4 所高等教育学院，当时名为"新泽西学院"。学校 1747 年迁至新泽西州的纽瓦克，1756 年迁至普林斯顿镇，并在 1896 年正式改名为普林斯顿大学。虽然其旧校名是"新泽西学院"，但它与今天尤因镇附近的新泽西州学院没有任何关联。

普林斯顿大学是全美乃至世界最著名的高等学府之一，是美国最古老的大学之一，具有极高的学术声誉。作为美国最难考取的大学之一，普林斯顿大学以精英教学模式闻名于世，仅有 7000 余名学生，师生比例大于 1 ∶ 7。

普林斯顿大学也是全世界最富有的大学之一，在最新的 U.S.News 排名中位居全美第一。

普林斯顿的电气工程项目始于 1889 年，是美国开设此项目最早的院校之一。该部门一直致力于此领域的前沿研究，旨在改善人类健康、通信环境，保护发展中地区的能源生产和生活。具体研究领域包括半导体、电子和光学器件的物理基础、计算机设计、应用于生物技术与信息的算法和结构。

项目名称：

Ph.D. in Electrical Engineering（电子工程博士）

研究领域： Applied Physics（应用物理学）、Computing & Networking（计算与网络）、Information Sciences & Systems（信息科学与系统）、Integrated Electronic Systems（集成电子系统）、Materials & Devices（材料与仪器）、Photonics（光子学）。

申请要点：

GRE：必须提供，没有最低分数要求；GMAT 成绩可以代替 GRE 成绩。

语言要求：TOEFL 口语单项低于 27 分需要配读语言课；或 IELTS 口语单项低于 8.0 分需要配读语言课；学校更倾向于接受 TOEFL 成绩。

2.1.6.11　Purdue University，West Lafayette 普渡大学西拉法叶分校

专业排名： 9

综合排名： 49

介绍：

普渡大学西拉法叶分校（Purdue University, West Lafayette）常被称作"普渡大学"，也译作"普度大学"，是普渡大学系统三所分校的主校区。位于美国印第安纳州的西拉法叶，是一所著名的公立研究型大学，素以工学、农学和航天闻名于世。该校也是美国五大湖地区的体育赛事联盟十大联盟（Big Ten）的一员，是美国大学协会的会员。世界登月第一人阿姆斯特朗便是该校 1947 级的校友。在美国航天局（NASA）的任务中，超过 1/3 的登月任务至少有一位普渡校友参与。

普渡大学电气与计算机工程学院（School of Electrical and Computer Engineering, ECE）向国际学生提供 M.S.（带毕业论文）和 M.S.（不带毕业论文）/Ph.D. 学位。硕士项目共计修读 30 个学分，为期 1.5 ~ 2 年，要求申请者本科毕业，拥有科学、工程学或数学（微积分、微分方程、线性代数）专业背景。

项目名称：

M.S. in Electrical and Computer Engineering（电子与计算机工程硕士）

研究领域：

Automatic Controls（自动控制）、Fields and Optics（场和光学）、Power and Energy Systems（电力和能源系统）、Microelectronics and Nanotechnology（微电子与纳米技术）。

申请要点：

GPA： U. S. applicants have an average GPA of 3.60 or higher; International applicants are typically in the top 5% of their graduating class, or higher. （GPA： 美国申请人的平均 GPA 为 3.60 或更高; 国际申请人通常处于前 5% 或更高。）

Typically, a 3.25/4.00 grade point average (GPA) is considered a minimum requirement for admission into the ECE graduate program. （通常，电子与计算机工程研究生院要求最低平均绩点为 3.25 / 4.00。）

GRE: While we do not have minimum scores, the Average scores for admitted students in previous semesters are approximately: （GRE：不设最低要求，据往年经验，前几个学期被录取学生的平均分数约为：）

152（Verbal）；

166（Quantitative）；

3.6（Analytical Writing）.

International students must have（国际学生的语言成绩要求）:

TOEFL: iBT overall minimum score of 80. （iBT individual minimums: Writing = 18, Speaking = 18, Listening = 14, Reading = 19）［托福：最低 80 分（写作最低分为 18 分，口语最低分为 18 分，听力最低分为 14 分，阅读最低分为 19 分）。］

IELTS: minimum score = 6.5. （IELTS individual minimums: Reading = 6.5, Listening = 6.0, Speaking = 6.0, Writing = 5.5）［雅思：最低 6.5 分（阅读最低分为 6.5 分，听力最低分为 6 分，口语最低分为 6 分，写作最低分为 5.5 分）。］

International students who have received a BS or higher degree within 24 months, prior to applying, from a university/college whose primary language of instruction is English in a country where English is the official language.

TOEFL: (Required by the School of Electrical and Computer Engineering) 本院要求

Besides satisfying the Graduate School minimum scores, the ECE requirement for the TOEFL Writing Score 22 for admission. However, ECE will make an exception to the required TOEFL Writing score of 22 for exceptional Ph.D. applicants with financial support, and consider them for conditional admission.

除了满足研究生院的最低分数外，ECE 还要求托福写作分数 22 分。

Please note — If you are an international applicant, you must submit the Internet-based TOEFL to be considered for a TA. A minimum score of 23 on speaking section is required to be considered for teaching assistantships. Highest priority will be given to students with a score of 27 or higher on the speaking section. International students whose TOEFL requirement is waived MUST submit a TOEFL to be considered for TA positions.

请注意——如果您是国际申请人，则必须提交托福网络考试成绩才能被考虑成为助教。口语部分的最低分数为 23 分才能考虑作为助教。在口语部分得分为 27 分或以上的学生将获得最高优先级。免除托福要求的国际学生必须提交托福成绩才有机会获得助教职位。

2.1.6.12　The University of Texas at Austin 得克萨斯大学奥斯汀分校

专业排名：9

综合排名：38

介绍：

得克萨斯大学奥斯汀分校（The University of Texas at Austin, UT-Austin）是一所公立研究型大学，属于得克萨斯大学系统，也是该系统的旗舰学校。

学校成立于 1883 年，校址靠近得克萨斯州首府奥斯汀。该校是全美单一校园中学生人数第 5 多的大学，目前依然是全得克萨斯州人数最多的大学。得克萨斯大学奥斯汀分校还被誉为"公立常春藤"院校。除奥斯汀主校区外，Pickle 研究校区（J. J. Pickle Research Campus）位于奥斯汀北部，内有各系实验室及研究单位，包括建造全世界第四快超级电脑（2008）的得克萨斯州先进运算中心；而该校天文系亦负责位于得克萨斯州西部戴维斯山区的麦克唐纳天文台。得克萨斯大学奥斯汀分校开设了一个医学院，名为"戴尔医学院（Dell Medical School）"，该学院的开设结束了奥斯汀分校多年来没有独立医学院的处境。

学院：Cockrell School of Engineering / Department of Electrical and Computer Engineering

项目名称：

M.S. in Electrical and Computer Engineering

研究领域：

Architecture, Computer Systems, and Embedded Systems (ACSES)（计算机体系结构和嵌入式系统）

Decision, Information, and Communications Engineering (DICE)（判决，信息与通信工程）

Electromagnetics & Acoustics（电磁学与声学）

Energy Systems（能源系统）

Integrated Circuits & Systems（数字电路与系统）

Plasma/Quantum Electronics and Optics（等离子体 / 量子电子学与光学）

Software Engineering and Systems（软件工程和系统）

Solid-State Electronics（固体电子学）

2.1.6.13　University of California，Los Angeles 加利福尼亚大学洛杉矶分校

专业排名：13

综合排名：20

介绍：

加利福尼亚大学洛杉矶分校（University of California, Los Angeles，缩写 UCLA）位于美国西海岸加利福尼亚州的洛杉矶市好莱坞附近，成立于1919 年（可以追溯至 1881 年），是一所著名的公立研究型大学，为公立常春藤之一，也是加利福尼亚大学十校中声誉和实力仅次于加利福尼亚大学伯克利分校的学校。加利福尼亚大学洛杉矶分校每年吸引着 5 万名以上的申请者，为美国申请人数最多的几所学校之一。

加利福尼亚大学洛杉矶分校前身为一所位于洛杉矶市区的师范学校，成立于 1881 年 3 月，应当时洛杉矶市民的强烈要求而建立，专为加利福尼亚州南部地区培养合格教师。1914 年迁至好莱坞附近。1917 年该师范学院的校长建议将其改造成加利福尼亚大学的第二座校园，1919 年 3 月23 日加利福尼亚州立法机关通过了将这所师范学校改为"加利福尼亚大学南部分校"的法令，并添加了培养一般本科课程的文理学院。1927 年改名为"加利福尼亚大学洛杉矶分校（University of California, Los Angeles）"，缩写 UCLA。1933 年获得硕士学位授予权，1936 年获得博士学位授予权。

学院：Henry Samueli School of Engineering and Applied Science

项目名称：

M.S. in Electrical Engineering

研究领域：

Circuits and Embedded Systems（电路与嵌入式系统）

Design Automation for Computer Systems（计算机系统及其设计自动化）

Energy-Efficient Digital Architectures and Circuits（节能数字结构与电路）

Neuroengineering（神经工程）

Communication Circuits（通信电路）

Embedded and Mobile Computing, and Cyber-Physical Systems（嵌入式与移动计算及网络 – 物理系统）

Sensor Information Acquisition, Processing, and Applications（传感器信息采集、处理与应用）

Physical and Wave Electronics（物理与波动电子学）

Electromagnetics（电磁学）

Nanoelectronics, Devices and Heterogeneous Integration（纳米电子、设备与异构集成）

Photonics（光子学）

Plasma Electronics（等离子电子学）

Signals and Systems（信号与系统）

Communications and Networking（通信与网络）

Signal Processing and Machine Learning（信号处理与机器学习）

Control and Decision Systems 控制（与决策系统）

Information, Computation and Optimization Theory（信息、计算与最优理论）

申请要点：

Ph.D. applicants must have an overall GPA of 3.5 or higher in their bachelor's degree coursework. If a student holds a M.S. degree, the graduate GPA must also be 3.5 or higher.（博士申请者的学士学位课程的总平均绩点必须达到 3.5 或更高。如果学生持有硕士学位，毕业 GPA 也必须是 3.5 或更高。）

Applicants interested in a Ph.D. in Electrical and Computer Engineering are not required to have completed the master's degree in order to be considered for admission. Those admitted to the Ph.D. program without a master's degree are required to complete the UCLA M.S. in Electrical and Computer Engineering while proceeding toward the Ph.D. （对电气和计算机工程博士感兴趣的申请人不需要完成硕士学位。那些被录取的没有硕士学位的博士项目的申请人，需要在攻读博士学位期间完成加利福尼亚大学洛杉矶分校的电子与计算机工程硕士学位。）

Students who already hold a M.S. or Ph.D. degree in Electrical and Computer Engineering or in a closely related field will not be admitted for a duplicate degree at the same level. Furthermore, after entering the program, no change in degree objective will be approved that would result in the granting of a duplicate degree at a level for which a student has an existing degree in Electrical and computer Engineering or closely related field. （已获得电气和计算机工程或相关专业硕士或博士学位的学生，不会被同一级别的学位重复录取。此外，在学生进入该项目后，学校不会批准学生改变学位目标，因为这将导致授予学生一个重复学位，该学位的水平与学生拥有电气和计算机工程或密切相关领域的现有学位的水平相同。）

与之密切相关的领域有：工程、计算机科学、物理和数学等其他学科。

申请说明：

加利福尼亚大学洛杉矶分校电气工程系（Department of Electrical Engineering）研究生阶段开设有以下学位项目，分别是：

电气工程硕士（M.S. in Electrical Engineering）：为期 1 ~ 2 年（正常是 5 个 Quarter+1 个夏季学期），要求申请者本科毕业，专业为电气工程或其相关专业背景（如工程领域其他学科、数学、计算机科学、物理等），本科后两年 GPA3.0 以上，需要递交 GRE 成绩但未设定有最低分数要求。

该项目分为电路与嵌入式系统、物理与波动电子学 、信号与系统三个专业方向（track），每一个专业方向其实是学校建议修读的某系列课程，学生也可以选择在导师的指导下自主设计（Ad Hoc）自己的专业方向。

电气工程博士（Ph.D. in Electrical Engineering）：为期 4 ~ 7 年（视论文完成情况），要求申请者硕士毕业，拥有电气工程或与之相关领域专业背景，如工程领域其他学科、数学、计算机科学、物理等，硕士 GPA3.5 以上，本科最后 2 年 GPA3.5 以上，需递交 GRE 考试成绩，但未设定最低分数要求。需注意，电气工程系对于该项目学位背景要求的说法与研究生日志说法不一致，电气工程系要求本科即可，无须硕士毕业，此处以研究生日志说法为准。

2.1.6.14 University of Southern California 南加利福尼亚大学

专业排名：13

综合排名：27

介绍：

南加利福尼亚大学（University of Southern California，缩写 USC）是一所中等大小的私立综合性全国大学，成立于 1880 年，位于美国西部大都会洛杉矶市区，该校是加利福尼亚州最古老的私立研究型大学。作为全球化大都市，洛杉矶吸引了世界各地的人，而位于洛杉矶市的南加大成为美国大学中国际学生最多的大学。南加大利用洛杉矶这个有利环境开展了亚洲与太平洋沿岸的相关研究。根据卡内基教育基金会 2005 年公布的大学分类，南加大被归类为"研究活动非常活跃的研究型大学"。

南加大的体育成绩亦很耀眼。它是美国所有大学中曾夺得第二多冠军的大学，总共得到 104 个冠军，曾是亚裔球星林书豪最心仪的学校。

学院： Viterbi School of Engineering

项目名称：

M.S. in Electrical Engineering

申请要点：

南加利福尼亚大学电气工程系（Department of Electrical Engineering，缩写：EE）研究生阶段开设有以下学位项目，分别是：

电气工程博士（Ph.D. in Electrical Engineering）：为期 4 ~ 7 年（视论文完成情况），要求申请者本科毕业，拥有工程、数学或理科专业背景，研究生院要求本科 GPA3.0 以上，要求递交 GRE 成绩，但未设定有最低分数要求。

计算机工程博士（Ph.D. in Computer Engineering）：为期 4 ~ 7 年（视论文完成情况），要求申请者本科毕业，拥有工程、数学或理科专业背景，研究生院要求本科 GPA3.0 以上，要求递交 GRE 成绩，但未设定有最低分数要求。

电气工程硕士（Master of Science in Electrical Engineering）：为期 2 年，共需修读 27 个学分，要求申请者本科毕业，拥有工程、数学或理科专业背景，研究生院要求本科 GPA3.0 以上，尤其对与电气工程相关的本科课程 GPA 要求较高，要求递交 GRE 成绩。

电气工程硕士（计算机网络方向）［Master of Science in Electrical Engineering（Computer Networks）］：为期 2 年，共需修读 27 个学分，要求申请者本科毕业，拥有工程、数学或理科专业背景，研究生院要求本科 GPA3.0 以上，尤其对与电气工程相关的本科课程 GPA 要求较高，要求递交 GRE 成绩。

电气工程硕士（多媒体与创新技术方向）［Master of Science in Electrical Engineering（Multimedia & Creative Technologies）］：为期 2 年，共需修读

27个学分，要求申请者本科毕业，拥有工程、数学或理科专业背景，研究生院要求本科 GPA3.0 以上，尤其对与电气工程相关的本科课程 GPA 要求较高，要求递交 GRE 成绩。

电气工程硕士（无线医疗技术方向）［Master of Science in Electrical Engineering (Wireless Health Technology)］：为期 2 年，共需修读 30 ~ 31 个学分（视修读课程），要求申请者本科毕业，拥有工程、数学或理科专业背景，研究生院要求本科 GPA3.0 以上，尤其对与电气工程相关的本科课程 GPA 要求较高，要求递交 GRE 成绩，但未设定有最低分数要求。该项目属于南加利福尼亚大学新开设项目，与医学院合作开设。

电气工程硕士（电力方向）［Master of Science in Electrical Engineering (Electric Power)］：为期 1 ~ 2 年，共需修读 27 个学分，要求申请者本科毕业，拥有工程、数学或理科专业背景，修读过 2 年的包括微分方程在内的大学数学课程，以及 1 年的工程物理或电子工程（含实验）课程，建议修读过 1 门电路理论课程、1 门计算机科学课程或掌握高水平编程语言，研究生院要求本科 GPA3.0 以上，尤其对与电气工程相关的本科课程 GPA 要求较高，要求递交 GRE 成绩，但未设定有最低分数要求。该项目学习内容既包括传统的发电、传输和分布，也结合了先进的可持续再生能源和智能电网课题。

电气工程硕士（超大规模集成电路设计方向）［Master of Science in Electrical Engineering (VLSI Design)］：为期 1 ~ 2 年，共需修读 27 个学分，要求申请者本科毕业，拥有工程、数学或理科专业背景，研究生院要求本科 GPA3.0 以上，尤其对和电气工程相关的本科课程 GPA 要求较高，要求递交 GRE 成绩，但未设定有最低分数要求。

计算机工程硕士（Master of Science in Computer Engineering）：为期 1 ~ 2 年，共需修读 27 个学分，要求申请者本科毕业，拥有工程、数学或理科专业背景，研究生院要求本科 GPA3.0 以上，尤其对与计算机工程相关的本科课程 GPA 要求较高，要求递交 GRE 成绩，但未设定有最低分数要求。该项目有 3 个主要研究领域，分别是计算机架构与平行处理、计算机网络及协议的设计与分析和超大规模集成电路设计与计算机辅助设计。

2.1.6.15　Columbia University 哥伦比亚大学

专业排名： 15

综合排名： 2

介绍：

哥伦比亚大学（Columbia University），简称哥大，是一所位于美国纽约的私立研究型大学，亦是常春藤盟校之一。该校成立于 1754 年，原为国王学院（Kings College），是美洲大陆最古老的学院之一。美国独立战争后更名为哥伦比亚学院，1896 年成为哥伦比亚大学。哥伦比亚大学是美国大学协会十四所成员大学之一，也是美国第一所授予医学博士的大学。哥伦比亚大学是最早接受中国留学生的美国大学之一。哥伦比亚大学的历届毕业生和教职员中累计共有 96 名诺贝尔奖得奖者。美国总统罗斯福、奥巴马都毕业于哥大，胡适、李开复、马寅初、冯友兰都是哥大校友。哥大的研究生学院以卓越的学术成就而闻名。整个 20 世纪上半叶，哥伦比亚大学、哈佛大学以及芝加哥大学一起被公认为美国高等教育的三强。此外，学校的新闻学院、教育学院、国际公共事务学院、医学院、法学院、商学院和艺术学院都名列前茅。其新闻学院颁发的普利策奖是美国文学和新闻界的最高荣誉。

常青藤院校，EE 系历史悠久，是全美第一批开设 EE 系的院校。在现代无线电通信、控制工程和多媒体编码等领域有着领先的地位。开设 M.S. 和 Ph.D.（需有 M.S. 学位才能申请）。以下主要解析 M.S. 项目。

研究领域：

图 2-1 为哥伦比亚大学 M.S. 项目的研究领域。

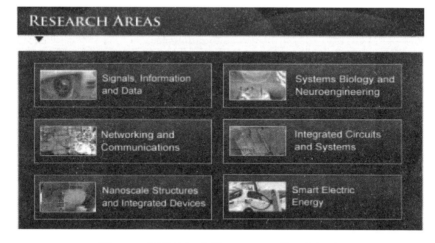

图 2-1　哥伦比亚大学 M.S. 项目的研究领域

课程设置及申请要点：

图 2-2 为哥伦比亚大学 M.S. 项目的课程设置及申请要点。

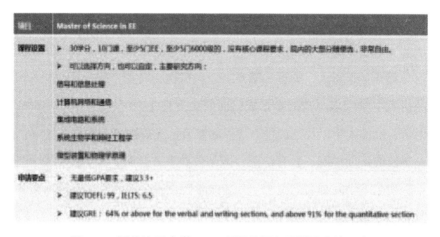

图 2-2　哥伦比亚大学 M.S. 项目的课程设置及申请要点

申请材料：

图 2-3 为哥伦比亚大学 M.S. 项目的申请材料。

Application Materials

The following materials must accompany the online application:

- Official transcript copies from every post-secondary institution attended
- Three recommendation letters
- Official Graduate Record Examination (GRE) General Test Scores*
- Personal statement
- Resumé or Curriculum Vitae
- $85 non-refundable application fee

If you have questions about any of the application requirements, please visit our FAQ.

*Applied Physics Doctoral applicants must also submit Official GRE Physics Subject Test Score

图 2-3　哥伦比亚大学 M.S. 项目的申请材料

2.1.6.16　University of California，San Diego 加利福尼亚大学圣地亚哥分校

专业排名： 15

综合排名： 34

介绍：

加利福尼亚大学圣地亚哥分校（University of California，San Diego，简称 UC San Diego，缩写为 UCSD）或称"加利福尼亚大学圣迭戈分校"，隶属于加利福尼亚大学系统，成立于 1960 年，位于美国西部小城拉荷亚（La Jolla, CA），是美国的一所著名顶尖公立学府，被誉为"公立常春藤"之一。

加利福尼亚大学圣地亚哥分校的工程学院排名全美第 12，EE 专业（Electrical Engineering 电子工程专业）排名全美第 15。工程学院近几年发展迅猛，2017 年新招了 26 名教师，目前总共有 246 名教授。ECE

（Electrical and Computer Engineering，电子和计算机工程）系有 55 名教授，650 名在读研究生。该系还邀请了圣地亚哥地区多家企业的高管成立了工业咨询委员会，为教授和学生的学习和研究保驾护航。

学院： Jacobs School of Engineering（Eletrical and Computer Engineering）

研究领域：

Applied Electromagnetics（应用电磁学）

Applied Ocean Sciences（应用海洋科学）

Computer Engineering（计算机工程）

Communication Theory & Systems（通信理论与系统）

Electronic Circuits & Systems（电子电路与系统）

Electronic Devices & Materials（电子器件和材料）

Intelligent Systems, Robotics & Control（智能系统，机器人技术与控制）

Machine Learning & Data Science（机器学习与数据科学）

Medical Devices & Systems（医疗设备与系统）

Nanoscale Devices & Systems（纳米级设备与系统）

Photonics（光子学）

Radio and Space Science（无线电与空间科学）

Signal & Image Processing（信号与图像处理）

申请要点：

B.S. and/or M.S. degree in engineering, physical sciences, or mathematics from an accredited college or university

Minimum cumulative GPA of 3.0 (on a 4.0 scale or its equivalent)（4.0 分制的最低累计 GPA 为 3.0）

GRE General Test (No required minimum score). Use institution code 4836 to report scores to UCSD（使用机构代码 4836 向 UCSD 报告分数）.

International applicants: Demonstrate English language proficiency via one of four options（通过以下四个选项之一证明英语语言能力）：

Option 1: TOEFL with a minimum score of 550 (paper based test–PBT) or 85 (internet based test–iBT). Use institution code 4836 to report scores to UCSD.

Option 2: IELTS with a minimum Band Score of 7.

Option 3: Pearson Test of English (PTE) Academic with a minimum overall score of 65.

Option 4: Full–time enrollment for a minimum of 1 year in a university–level institution where English is the language of instruction and in a country in which English is a dominant language. (For example: U.S.A., England, Australia, Guam, Jamaica, Ireland, parts of Canada.)

2.1.6.17　University of Wisconsin，Madison 威斯康星大学麦迪逊分校

专业排名： 15

综合排名： 42

介绍：

威斯康星大学麦迪逊分校（University of Wisconsin，Madison，缩写为UW–Madison）是一所大型公立综合性全国大学，成立于1848年，位于美国威斯康星州首府麦迪逊市，是威斯康星大学系统的旗帜性学校，同时也是威斯康星州第一所公立大学，是该州历史最久远、规模最大的大学。

威斯康星大学麦迪逊分校是威斯康星州第一所公立大学，也是威斯康星大学系统成员之一。该大学系统包括：2所研究型大学、11所综合大学、13所社区学院以及扩充学校；除麦迪逊分校外，另一所研究型大学是威斯康星大学密尔沃基分校。

学院：College of Engineering（工程学院）

学位：The ECE department offers M.S. and Ph.D. programs for on-campus students. The M.S. emphasizes professional knowledge and skills and can be completed with or without a research component. The Ph.D. is a research degree emphasizing original approaches to problem-solving. Students typically earn an M.S. first but may work directly toward Ph.D.（学生通常先获得理学硕士学位，但可以直接攻读博士学位。）

The department offers one- and two-year master's degrees, and Ph.D. graduate degrees, in electrical engineering.（该系提供一年制和两年制电气工程硕士学位以及博士研究生学位）

项目名称：

M.S. in Electrical Engineering（电子科学与工程硕士）

Ph.D. in Electrical Engineering（电子工程博士）

研究领域：

Advanced Manufacturing（先进制造）

Advancing Healthcare（先进医疗）

Energy Independence（能源独立）

Environmental Sustainability（环境可持续性）

Improving Security（提高安全性）

Materials Discovery and Sustainability（材料发现与可持续性）

Transportation Infrastructure（交通基础设施）

申请要点：

1.Applicants must meet the general Graduate School Admission Requirements.

2.Applicants must have a bachelor's degree from a regionally accredited U.S.

institution or a comparable degree from an international institution.（申请人必须拥有美国地区认可机构的学士学位或国际机构的同等学位。）International applicants can find specific information for their country on the Graduate School Admission Requirements page.（国际申请人可以在研究生院入学要求页面上找到他们国家的具体信息。）The department welcomes applications from scientific, engineering, and mathematical disciplines other than ECE.（ECE 包括欧洲 28 个国家，除欧盟成员国外，还包括东欧、南欧等非欧盟国家）

3.M.S. and Ph.D. ECE applicants must submit GRE General Test scores with their application. Scores may not be more than 5 years old from the term the applicants to. For example, the oldest accepted GRE scores for Fall 2015 are from September 2010.

4. Power at a Distance (Online M.S. ECE Degree)

This is an online-only program in Power. A Power focus is also available for "on campus" applicants. This the department's only online option.

a. Applicants are not required to submit a GRE score. However international applicants are required to submit a TOEFL score.（申请人不需要提交 GRE 分数。然而，国际申请者必须提交托福成绩。）

b. Before you can qualify for the graduate program, you must enroll in the Capstone Certificate in Power Conversion and Control. The admissions committee considers your capstone grades（最高成绩）when reviewing your graduate application. For more information regarding how to apply, please visit:

Please contact the Department of Engineering Professional Development for more information about the application and coursework as a Capstone student and the Online M.S. Degree.

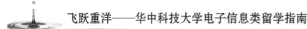

5. Re-Entry（再入境）applicants:

If you were enrolled as a graduate student but have had a break in enrollment for a minimum of a fall or spring term, you will need to re-apply to resume your studies. Please review The Graduate School（研究生院）requirements for re-entry students:

Before filling out the online application, ask your previous faculty advisor to contact/email the ECE Graduate Admissions Coordinator(ECE 研究生招生协调员). Your advisor needs to verify that they would like the Graduate Admissions Committee to review your application and that they are willing to advise you if you are re-admitted. The ECE Graduate Admissions Committee may ask for updated material.

2.1.6.18　University of Maryland，College Park 马里兰大学帕克分校

专业排名：18

综合排名：59

介绍：

马里兰大学学院帕克分校（University of Maryland，College Park，缩写 UMD 或 UMCP），或译马里兰大学学院市分校，是一所位于美国东部小城帕克市的大型公立综合性大学，成立于 1856 年，提供本科、硕士、博士、文凭课程（Certificate）四种学位类型；该校与华盛顿距离约 8 英里（约 13 公里）。马里兰大学系统是美国第 12 大大学系统，由 13 所马里兰高等教育机构组成的大学系统。马里兰大学帕克分校是马里兰大学系统高等教育机构中历史最久、最大、最好的一所，同时也是整个大华盛顿地区（包括周边的华盛顿特区，马里兰州和弗吉尼亚州）最大的一所高校，该校被评

为公立常春藤院校之一。

马里兰大学学院帕克分校电气与计算机工程系（Department of Electrical & Computer Engineering）研究生阶段开设有硕士（M.S.）和博士（Ph.D.）两种学位项目，主要分电气工程和计算机工程两个专业领域，要求申请者本科毕业，拥有电子工程、计算机工程或与之相关领域（如数学、计算机科学、物理或工程相关领域）专业背景，本科 GPA3.5 以上，特殊情况下，如申请者 GPA 不足 3.5，但其他方面优秀，也可考虑录取，需要递交 GRE 成绩单位要设定最低分数要求。该系向符合条件的学生提供多种奖学金，自动随 Offer 发放，无须单独申请，奖学金种类主要有 Fellowship、TA（Teaching Assistantship）、RA（Research Assistantship）奖学金。

学院： A. James Clark School of Engineering（A. James Clark 工程学院）

项目名称：

M.S. in Electrical and Computer Engineering（电气和计算机工程硕士）

研究领域：

Communications and Signal Processing (CSP)（通信与信号处理）

Computer Engineering (COMP)（计算机工程）

Controls (CONT)（控制学）

Microelectronics (MICR)（微电子学）

Electrophysics (ELEC)（电子物理学）

申请材料：

Statement of Purpose 目的陈述

Resume/CV 简历 / 履历

Three Letters of Recommendation 三封推荐信

GRE Test Scores (general test only) GRE 考试成绩（仅限普通考试）

TOEFL, IELTS, or PTE scores for international applicants 国际申请人的托福、雅思或 PTE 成绩

Official Transcripts 官方成绩单

申请费用：

M.S. Program: $75（硕士项目：75 美元）

Ph.D. Program: $75（博士项目：75 美元）

2.1.6.19　University of Pennsylvania 宾夕法尼亚大学

专业排名： 18

综合排名： 8

介绍：

宾夕法尼亚大学（University of Pennsylvania，缩写 UPenn）成立于 1740 年，是美国著名学者本杰明·富兰克林创立的一所中等大小的私立综合性全国大学。该校位于宾夕法尼亚州最大的城市费城。费城是美国独立战争时起草独立宣言和联邦宪法的地方，所以宾夕法尼亚州也被称为"美国的摇篮"。宾夕法尼亚大学是美国著名的常春藤八大盟校之一，美国大学协会 14 所创始成员之一，是美国第四古老的高等教育机构。

学院： Electrical Engineering and Systems Engineering Departments 电气工程和系统工程系

1. 电气工程硕士专业简介（MSE in Electrical Engineering）

Interconnections between electrical and systems engineering are creating a fresh vision of knowledge, its uses, and its users. The MSE Program in Electrical Engineering gives students the theoretical foundation and the interdisciplinary skills needed to deal with the new ideas and new applications that are the hallmarks of modern electro science. A major advantage of the MSE Program allows you to tailor your education to your own interests and goals, from Electromagnetics and Photonics, sensors and MEMS to VLSI and Nanotechnology.（电气工程和系统工程之间的相互联系正在创造一个关于知识、其用途和用户的新视野。电气工程硕士课程为学生提供了处理作为现代电气科学标志的新思想和新应用所需的理论基础和跨学科技能。MSE 项目的一个主要优势是允许你根据自己的兴趣和目标定制你的教育，从电磁学和光子学、传感器和微机电系统（MEMS）到超大规模集成电路（VLSI）和纳米技术。）

2. 电气工程博士项目简介（Ph.D. in Electrical and Systems Engineering）

The Ph.D. program in Electrical and Systems Engineering (ESE) welcomes candidates with a strong background in science and engineering who are interested in pursuing an academic doctoral degree. The objective of this program is to help students develop skills needed to perform independent research and teaching in an exciting intellectual environment.（电气和系统工程（ESE）博士项目欢迎具有强大的科学和工程背景并有兴趣攻读学术博士学位的候选人。本项目的目标是帮助学生发展在一个令人兴奋的知识环境中进行独立研究和教学所需的技能。）

项目名称：

MSE in Electrical Engineering（电气工程硕士）

MSE in Systems Engineering（系统工程硕士）

MSE in Embedded Systems（嵌入式系统硕士）

MSE in Robotics（机器人硕士）

Ph.D. in Electrical and Systems Engineering（电气与系统工程博士）

研究领域：

Nanodevices and Nanosystems（纳米设备与纳米系统）

Circuits and Computer Engineering（电路与计算机工程）

Information and Decision Systems（信息与决策系统）

申请要点：

TOEFL Score Recommendations–a minimum of 100 is recommended for all programs. There is not a required score.（托福成绩建议：建议所有项目的托福成绩至少为 100 分。没有要求的分数。）

IELTS Score Recommendations–a minimum of 7.5 is recommended for all programs. There is not a required score.（雅思成绩建议：所有项目建议至少达到 7.5 分。没有要求的分数。）

All students are expected to have a strong background in mathematics and undergraduate electrical engineering subjects.（所有学生都要有很强的数学和本科电气工程科目的背景。）

2.1.6.20 Virginia Polytechnic Institute and State University 弗吉尼亚理工大学

专业排名：18

综合排名：75

介绍：

弗吉尼亚理工学院暨州立大学（Virginia Polytechnic Institute and State University，缩写 Virginia Tech 或 VT，简称弗吉尼亚理工）是一所位于美国弗吉尼亚州黑堡镇的公立研究型大学。弗吉尼亚理工成立于 1872 年，是根据美国 1862 年的莫里尔联邦赠地法案成立的，现在是美国为数不多的仍然专注于理工领域的公立大学。同时，弗吉尼亚理工是弗吉尼亚州全日制学生人数最多的大学，也是美国少数几所保留有士官团制度的非专职军事院校。

弗吉尼亚理工在瑞士、多米尼加共和国均设有教学和研究中心，主校区拥有 125 栋校园建筑，2600 英亩的校园分布于六个校区，另在主校区附近设有一个 1700 英亩的研究用农场。学校的主校区位于新河谷（New River Valley）和阿巴拉契亚山脉于西南弗吉尼亚的脊谷处，距离乔治华盛顿 – 杰弗逊国家森林公园和蒙哥马利县只有几英里。

学院： Jack Baskin School of Engineering

项目名称：

M.S. in Electrical Engineering

研究领域：

Electronic Circuits and Energy Systems（电子电路与能源系统）

Photonics and Electronic Devices（光子和电子器件）

Robotics, Controls, and Cyber–Physical Systems（机器人，控制科学与物理网络系统）

Signals, Image Processing, and Communications（信号与图像处理及通信）

申请要点：

GRE Scores：无最低分数要求，一般要求数学部分 90% 以上和写作 4.5)

TOEFL & IELTS Scores：

Applicants whose native language is not English must take the TOEFL or IELTS exam. The minimum passing score for the TOEFL exam must be 570 on the paper–based, 230 on the computer–based or 89 on the internet–based test. The minimum passing score for the IELTS exam is 7. If you have received a degree from an American or Canadian (English–speaking) institution or have lived in the United States for more than four years, you are eligible for a TOEFL exemption. Departments will automatically grant this exemption to admitted students who qualify. It is not necessary to request this exemption from the departments. To be

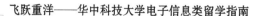

considered for Teaching Assistant support you must have scored a minimum of 26 on the Spoken portion of the internet–based TOEFL and an overall 8 on the IELTS. TOEFL test scores are valid for 2 years. ETS will only forward test result within that 2 year period.

申请说明：

弗吉尼亚理工学院电气与计算机工程系（Department of Electrical and Computer Engineering，缩写：ECE）研究生阶段开设有电气工程和计算机工程专业的 M.S.、M.Eng. 和 Ph.D. 学位项目。另外，该系还开设有信息技术硕士（Master of Information Technology，缩写：MIT），但不在黑堡校区授课，在弗吉尼亚理工学院的其他校区或以远程方式授课。

Ph.D. 项目申请者通常已拥有电气工程、计算机工程或相关领域的硕士学位，优秀的电气工程和计算机工程专业的本科生也可考虑录取。如申请者无电气或计算机工程专业背景或转换研究方向，此时需根据申请者本身的具体情况决定是否录取。一般要求申请者拥有本科物理、数学、计算机科学相关专业背景，其他领域工程类专业的申请者通常欠缺电气与计算机工程系研究生项目要求的专业背景，因此需要补修前置课程。

2.1.6.21 Johns Hopkins University 约翰斯·霍普金斯大学

专业排名：21

综合排名：9

介绍：

约翰斯·霍普金斯大学（Johns Hopkins University），简称 Hopkins 或 JHU，成立于 1876 年，是一所世界著名的私立研究型大学，美国第一所研究型大学，也是美国大学协会（AAU）的 14 所创始校之一。主校区位于美国马里兰州巴尔的摩市，分校区位于美国首都华盛顿特区。

　　2016 年美国国家科学基金会连续 37 年将该校列为全美科研经费开支最高的大学。截至 2018 年，学校的教员与职工共有 37 人获得过诺贝尔奖（世界第 18）。霍普金斯大学不仅拥有全球顶级的医学院、公共卫生学院、国际关系学院，其生物工程、空间科学、社会与人文科学、音乐艺术等领域的卓越成就也名扬世界。

项目名称：

M.S. in Engineering（工程科学硕士）

Ph.D. in Electrical and Computer Engineering（电子与计算机科学博士）

研究领域：

Communications（通信）

Control Systems（控制系统）

Language and Speech Processing（语音产生）

Image Processing（图像处理）

Microsystems and Computer Engineering（微系统与计算机工程）

Photonics and Optoelectronics（光子和光电子）

Robotics（机器人技术）

申请要点：

GPA: 3.7。

GRE: 156+161+5。

TOEFL: 100+。

TELTS: 7。

2.1.6.22 Texas A&M University 得克萨斯农工大学

专业排名： 21

综合排名： 68

介绍：

得克萨斯农工大学成立于 1876 年，位于美国得克萨斯州的 College Station，是得克萨斯州第一所公立大学，是美国首屈一指的世界顶尖级公立大学。该校是美国大学协会（AAU，该协会由美国和加拿大最顶尖的公立及私立大学组）的成员之一，也是东南联盟（SEC）的成员之一。

得克萨斯农工大学主校区位于得克萨斯州大学城（College Station），校园距全美第四大城市休斯敦约 150 公里（1.5 小时车程），距州府奥斯汀约 2 小时车程，距达拉斯、圣安东尼奥约 3 ~ 4 小时车程。

项目名称：

M.Eng. in Electrical Engineering（电子工程学硕士）

M.Eng. in Computer Engineering（计算机工程学硕士）

M.S. in Electrical Engineering（电子科学与工程硕士）

M.S. in Computer Engineering（计算机科学与工程硕士）

Ph.D. in Electrical Engineering（电子工程博士）

Ph.D. in Computer Engineering（计算机工程博士）

申请要点：

GPA: 3.0+。

GRE: 无最低要求。

TOEFL: 86+。

2.1.6.23 University of California, Santa Barbara 加利福尼亚大学圣塔芭芭拉分校

专业排名： 21

综合排名： 28

介绍：

加利福尼亚大学圣塔芭芭拉分校（University of California, Santa Barbara），简称 UCSB，创建于 1891 年，位于洛杉矶以北 193 千米，海滨小城圣塔芭芭拉市以北 16 千米处的一个小半岛上。此处两面环海，紧临太平洋，风景十分优美。校区虽较近戈勒塔市（Goleta），但行政上仍隶属于戈勒塔市面的圣塔芭芭拉市。校园可划分为三个部分：主校园（Main Campus）、史托校园（Storke Campus）和西校园（West Campus）。

项目名称：

M.S. in Electrical and Computer Engineering

Ph.D. in Electrical and Computer Engineering

申请要点：

GPA: M.S. 3.0+ , Ph.D. 3.3+。

GRE: 156+161+5。

TOEFL: 80+。

TELTS: 7。

2.1.6.24 University of Washington 华盛顿大学

专业排名：21

综合排名：59

介绍：

华盛顿大学（University of Washington）是一所世界顶尖的大学，"公立常春藤"之一，创建于 1861 年，拥有 150 多年的历史。该校坐落在美国最适宜居住和工作的城市西雅图，也是美国太平洋沿岸历史最悠久的大学。华盛顿大学采用学季制，一个学季只有 11 个星期（10 个星期课程加上最后 1 个星期的期末考试或提交报告），各学季间有 1 周～2 周的假期，学季内课程繁重密集，极具挑战性。

华盛顿大学设有三个校区：西雅图主校区、塔科马校区和贝瑟校区。华盛顿大学的医学、生命科学、计算机科学、教育学、公共关系、社会工作和海洋科学领先世界。它拥有世界上一流的医学院、商学院、法学院、工学院、教育学院、美术学院、音乐学院、信息学院和海洋科学学院等。华盛顿大学培养了大批世界顶级的医学科学家，计算机科学家，宇宙飞船、航天飞机、民航客机的设计科学家和众多杰出的太空人。

项目名称：

M.S. in Electrical Engineering

Ph.D. in Electrical Engineering

研究领域：

模拟、混合信号和 RF VLSI 系统、生物机器人、计算机架构、计算机视觉和图像处理、控制和动力系统、网络物理和网络系统、数字 VLSI、电磁学和遥感、嵌入式系统、博弈论与决策、信息理论与应用、集成光子学和光电子学、机器学习和人工智能等。

申请要点：

GPA: 3.7+。

GRE: Q160, V& Writing 的分数更加主观。

TOEFL: 90+。

2.1.6.25　Duke University 杜克大学

专业排名： 25

综合排名： 9

介绍：

杜克大学（Duke University）创建于 1838 年，坐落于美国北卡罗来纳州风景优美的达勒姆，是一所世界著名的研究型大学。

2016 年至 2017 年，《美国新闻与世界报道》（*U.S.News & World Report*）将杜克大学列为全美第 8 名的大学，在美国南部居于首位。在近两年的世界排名方面，杜克大学位列 U.S.News 排名第 20 名、《泰晤士报高等教育增刊》世界大学排名第 20 名、QS 世界大学排名第 24 名、世界大学学术排名第 31 名。

杜克大学被公认为是当今世界一流的高等教育机构之一，其商学院、法学院和医学院均名列美国前十。根据《彭博商业周刊》公布的 2014 年商学院全日制 MBA 项目排名，杜克大学福库商学院超过哈佛大学商学院、芝加哥大学布斯商学院等，位居全美首位。不同于其他一流的学术大学，杜克大学的体育，尤其是篮球，十分有名，是美国最佳篮球名校。其男篮主教练老 K 教练因在美国全国大学体育协会（NCAA）出色的战绩，多年来被聘为美国国家队男篮主教练。

项目名称：

M.S. in Electrical and Computer Engineering

Ph.D. in Electrical and Computer Engineering

申请要点：

GPA: 3.0+。

TOEFL: 90+。

IELTS: 7.0+。

2.1.6.26　The Ohio State University 俄亥俄州立大学

专业排名： 25

综合排名： 49

介绍：

俄亥俄州立大学（The Ohio State University，简称 OSU），坐落于美国俄亥俄州首府哥伦布市，是一所历史悠久的美国公立研究型大学，为十大联盟（Big Ten Conference）成员，是一所美国一流的公立大学，被誉为"公立常春藤"。俄亥俄州立大学始创于 1870 年，是目前美国规模最大的大学之一，总面积为 65 平方千米，核心区域 7 平方千米，该校也是俄亥俄州排名第一的公立大学。俄亥俄州立大学开设的专业几乎涵盖了所有的学术领域，很多专业在全美名列前茅，尤以工程、物理、商科、管理、新闻传播等方向最负盛名，是美国一级国家级大学。该校在最新的 U.S.News 排名中位居第 54 名。

项目名称：

M.S. in Electrical Engineering

Ph.D. in Electrical Engineering and Computer Science

申请要点：

GPA: 3.0/4.0+。

TOEFL: 79+。

IELTS: 7.0。

2.1.6.27 Rice University 莱斯大学

专业排名： 25

综合排名： 17

介绍：

莱斯大学（Rice University）位于美国南方得克萨斯州休斯敦市郊，为美国南方最高学府，离市中心约 5 公里车程。莱斯大学曾与其他两所大学——北卡罗来纳州的杜克大学、弗吉尼亚州的弗吉尼亚大学齐名，号称"南方哈佛"（The Harvard of the South）。一直以来，莱斯大学在权威的 U.S.News 排名中名列前 20 位。

在《普林斯顿评论》2007 年全美大学排名中，莱斯大学在"最佳生活质量"项目中排名第一。莱斯大学因高质量的教育和不断取得的国际学术成就，与斯坦福大学、加州理工学院、麻省理工学院等 25 所高校并称为"新常春藤"院校，受到越来越多的学生的青睐。

项目名称：

The Master of Science/Doctor of Philosophy (M.S./Ph.D) degree program

Master's in Electrical Engineering (M.E.E.)

申请要点：

GPA: 3.0/4.0+。

TOEFL: 90+。

IELTS: 7.0+。

GRE: V156+, Q166+。

2.1.6.28 University of Minnesota, Twin Cities 明尼苏达大学双城分校

专业排名：25

综合排名：68

介绍：

明尼苏达大学双城分校（University of Minnesota, Twin Cities）是一所位于美国明尼苏达州明尼阿波利斯市与圣保罗市的顶尖研究型大学。明尼苏达大学双城分校是整个明尼苏达大学系统中历史最为悠久且面积最大的校园。学校的心理、经济、数学、化学、化工、药学等专业位于全美前列、世界领先地位。该校也是全美最具综合性的大学之一，为一流的本科、研究生教育学府和研究机构，是美国高校十大联盟、国际21世纪学术联盟的成员大学之被誉为"公立常春藤"。自1851年建校至今，学校已拥有众多声名显赫的校友，包括25位诺贝尔奖获得者、1位前美国首席大法官、2位前美国副总统以及多位名列美国财富500强的企业巨子。

项目名称：

M.S. in Electrical Engineering

Ph.D. in Electrical Engineering

研究领域：

Physical electronics, surface physics, thin films, sputtering, noise and fluctuation phenomena, quantum electronics, plasma physics, automation, power systems and power electronics theory, wave propagation, communication systems and theory, optics, lasers, fiber optics, magnetism, semiconductor properties and devices, VLSI and WSI engineering in theory and practice, network theory, signal and image processing, and computer and systems engineering. Interdisciplinary work is also available in bioelectrical sciences, control sciences, computer sciences, solar energy, applications of systems theory to urban transportation and economic planning, and biological modeling.

申请要点：

GPA: 3.4+。

TOEFL: 79+ 。

IELTS: 6.5+。

截止时间：

12 月 1 日。（只有秋季入学）

2.1.6.29　Harvard University 哈佛大学

专业排名： 29

综合排名： 2

介绍：

哈佛大学（Harvard University）坐落于美国马萨诸塞州剑桥市，是一所世界知名的私立研究型大学，是著名的常春藤盟校成员之一。1636 年在马萨诸塞州的查尔斯河畔建校。

1780 年，哈佛学院正式改称哈佛大学。截至 2014 年，哈佛大学下设 13 个学院，分别为文理学院、商学院、设计学院、牙科医学院、神学院、教育学院、法学院、医学院、公共卫生学院、肯尼迪政治学院、工程与应用科学院、研究生院、哈佛学院（本科生院），另设有拉德克利夫高等研究学院，总共有 46 个本科专业、134 个研究生专业，其中本科生教育主体由哈佛学院承担。

项目名称：

Master of Science（M.S.）（two-year program）

Master of Engineering（M.Eng.）

Doctor of Philosophy（Ph.D.）

研究领域：

Applied Mathematics, Applied Physics, Computational Science & Engineering, Computer Science, Data Science, Design Engineering, and Engineering Sciences, which includes bioengineering, electrical engineering, environmental science and engineering, and materials science & mechanical engineering.

申请要点：

TOEFL: 80。

GRE: 无最低要求。

2.1.6.30　Pennsylvania State University，University Park 宾夕法尼亚州立大学帕克分校

专业排名： 29

综合排名： 59

介绍：

宾夕法尼亚州立大学帕克分校是一所享誉世界的顶尖研究型大学。该校是美国国家一级大学，十大联盟（Big Ten）和美国大学协会（AAU）成员，被誉为公立常春藤，在美国公立大学中排名稳居前十，与加利福尼亚大学伯克利分校、加利福尼亚大学洛杉矶分校等代表了美国公立大学的最高水平。

宾夕法尼亚州立大学工程学院（College of Engineering）由老校长乔

治·亚瑟顿创建于 1896 年，拥有 13 个系，9700 名学生，每年拥有 10 亿美元的经费，是世界顶尖的工程学院之一，也是大学最热门的学院之一，被誉为工程师的摇篮。在全北美，大约每 50 名工程师里就有一名出自这个学院。

项目名称：

M.S. in Electrical Engineering

Ph.D. in Electrical Engineering

研究领域：

Control Systems and Robotics

Power Systems, Energy Conversion, and Smart Grids

Communication Systems, Signal Processing, and Signal Integrity

RF/Microwave, High Frequency Electronics, and Electromagnetics

Electronics, and Electrical Circuits, and Instrumentation

System Engineering and Computer Engineering

申请要点：

语言要求：TOEFL 总分不低于 80 分，口语单项不低于 19 分；或 IELTS 总分不低于 6.5 分，没有单项要求。

2.1.6.31　Arizona State University 亚利桑那州立大学

专业排名：31

综合排名：117

介绍：

亚利桑那州立大学是美国学生人数最多的大学，现有在校本科生、研究生及职业学生 8 万多名，分散在州府凤凰城大都会区的 5 个校区与哈瓦苏湖城的 1 个校区。学校共拥有 22 个学院，每一个校区都提供学士学位、硕士学位及博士学位。在 2016 至 2018 年，该校连续三年被《美国新闻与世界报道》（*U.S. News & World Report*）评为美国最具创新力大学，斯坦福大学和麻省理工学院分列二三位。

艾拉·A. 富尔顿工程学院（Ira A. Fulton School of Engineering）拥有世界一流的教师阵容，包括国家工程研究院成员、国家科学院成员以及诺贝尔奖得主。

项目名称：

M.S. in Electrical Engineering

M.Eng. in Electrical Engineering

Ph.D. in Electrical Engineering

研究领域：

硕 士：Computer engineering, control systems, electromagnetics, antennas and microwave circuits, electronic and mixed-signal circuit design, electric power and energy systems, signal processing and communications, physical electronics and photonics and arts, media and engineering.

博士：Electromagnetic anechoic chamber, the wireless communications lab and the integrated circuit fabrication clean room.

申请要点：

GPA 要求 3.5 以上，GRE Quantitative 不低于 156 分。

语言要求：TOEFL 总分不低于 90 分（如果想做助教口语单项不低于 26 分）；或 IELTS 总分不低于 6.5 分，没有单项要求。

2.1.6.32　North Carolina State University 北卡罗来纳州立大学

专业排名： 31

综合排名： 79

介绍：

北卡罗来纳州立大学是一所成立于 1887 年的世界顶尖的公立研究型大学，在世界享有极高声誉。现有学生近 3 万名（包括约 1000 名国际学生），师资力量雄厚，有 19 位教授被选为美国科学院（National Academy of Sciences）或美国工程院（National Academy of Engineering）院士。

北卡罗来纳州立大学工程学院设有 9 个系，工程学院排名一直都在前 30 名。

项目名称：

M.S. in Electrical Engineering

Ph.D. in Electrical Engineering

研究领域：

1. M.S. in Electrical Engineering:

Circuits

Communications

Microwave Circuits and Applied Electromagnetics

Nanoelectronics and Photonics

Power Electronics and Power Systems

Robotics, Mechatronics, Control and Instrumentation

Signal Processing and Computational Intelligence

2. Ph.D. in Electrical Engineering:

Bioelectronics Engineering

Communications and Signal Processing

Control, Robotics and Mechatronics

Electronic Circuits and Systems

Nanoelectronics and Photonics

Power Electronics and Power Systems

申请要点：

GPA：要求 3.0 以上。

语言要求：托福要求 80 分以上，或雅思 6.5 分以上。

2.1.6.33　University of Florida 佛罗里达大学

专业排名： 31

综合排名： 28

介绍：

佛罗里达大学是位于美国佛罗里达州盖恩斯维尔（Gainesville）的一所著名的公立研究型大学。佛罗里达大学是北美顶尖大学联盟美国大学协会（AAU）成员之一，佛罗里达大学被誉为公立常春藤。

佛罗里达大学赫伯特韦特海姆工程学院有 9 个系，开设 15 个学位项目和超过 20 个研究中心，是佛罗里达大学最大的院系，拥有全校 30% 以上的研究单元。

项目名称：

M.S. in Electrical & Computer Engineering

Ph.D. in Electrical & Computer Engineering

研究领域：

1. M.S. in Electrical & Computer Engineering:

Circuits and Signal Processing

Communications and Control

Computing Systems Hardware and Software

Electromagnetics

2. Ph.D. in Electrical & Computer Engineering:

Circuits and Signal Processing

Communications and Control

Computing Systems Hardware and Software

Electromagnetics

申请要点：

GPA 要求：M.S. 3.0 以上，Ph.D. 3.5 以上。

GRE：verbal 140 分以上，Writing 3.5 分以上。

语言要求：托福要求 80 分以上，或雅思 6 分以上。

2.1.6.34 Rensselaer Polytechnic Institute 伦斯勒理工大学

专业排名： 34

综合排名： 55

介绍：

伦斯勒理工大学为全美顶尖理工大学，美国东部高等学府，是美国乃至英语系国家历史上第一所理工科大学，也是美国 25 所"新常春藤盟校"之一。

伦斯勒理工学院以雄厚的师资、先进的教学设施和注重理论与实际结合的严谨学风，一直在美国的教育界、学术界和工程界享有盛名。

项目名称：

M.S. in Electrical Engineering

Ph.D. in Electrical Engineering

研究领域：

Cutting edge research across multiple disciplines and physical scales, including semiconductor design and processing, smart sensors and devices, 5G communication, and cyber physical systems such as smart grid and collaborative robots.

申请要点：

平均录取 GRE159+163+4 分。

语言要求：TOEFL 总分不低于 88 分，或 IELTS 总分不低于 6.5 分。

2.1.6.35 University of California，Davis 加利福尼亚大学戴维斯分校

专业排名： 34

综合排名： 38

介绍：

加利福尼亚大学戴维斯分校是一所世界顶尖的研究型大学，隶属于著名的加利福尼亚大学系统，是北美顶尖大学联盟美国大学协会（AAU）成员，环太平洋大学联盟成员。该校为"公立常春藤"盟校，属于 Tier-1（最高级别）全美最顶尖公立大学之一。

加利福尼亚大学戴维斯分校工程学院成立于 1962 年，包含 7 个学术部门，提供相应的研究课程。

项目名称：

M.S. in Electrical & Computer Engineering

Ph.D. in Electrical & Computer Engineering

研究领域：

Information, Decision, Networking, and Learning Systems

Computer Engineering

Electronic Circuits

RF, Micro- and Millimeter Waves

Photonics

Physical Electronics

申请要点：

平均录取 GPA 3.5。

语言要求：TOEFL 总分不低于 90 分，或 IELTS 总分不低于 7.0 分。

2.1.6.36 University of Colorado，Boulder 科罗拉多大学博尔德分校

专业排名：34

综合排名：99

介绍：

科罗拉多大学博尔德分校创办于 1876 年，是一所世界顶尖公立研究型高等学府。该校是北美顶尖研究型大学联盟美国大学协会（AAU）的 63 个成员之一，素有"公立常春藤"之称。

科罗拉多大学博尔德分校工程与应用科学学院包括 6 个学术部门，提供研究课程。

项目名称：

M.S. in Electrical Engineering

M.Eng. in Electrical Engineering

Ph.D. in Electrical Engineering

研究领域：

Areas of focus in electrical engineering include photovoltaic, wind and

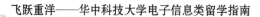

renewable energy systems, power electronics systems, electromagnetic theory, microwave systems, antennas, remote sensing, bioelectronics and biomedical engineering, communications and signal processing, medical imaging, optoelectronics, nanophotonics and nanodevices, biophotonics, human/machine interfaces, controls theory, embedded systems engineering, and complex network systems.

申请要点：

GPA 要求 3.0 以上。

语言要求：TOEFL 总分不低于 80 分，或 IELTS 总分不低于 6.5 分。

2.1.6.37　Yale University 耶鲁大学

专业排名：34

综合排名：5

介绍：

耶鲁大学坐落于美国康涅狄格州纽黑文，是一所世界著名的私立研究型大学，全美第三古老的高等学府。耶鲁大学是美国大学协会的 14 所创始院校之一，也是著名的常春藤盟校成员。

耶鲁大学工程学院成立于 1852 年，提供 6 个专业的研究课程。

项目名称：

M.S. in Electrical Engineering

M.Eng. in Electrical Engineering

Ph.D. in Electrical Engineering

研究领域：

Circuits and Signal Processing

Communications and Control

Computing Systems Hardware and Software

Electromagnetics

申请要点：

GPA 要求 3.5 以上。

语言要求：TOEFL 总分不低于 100 分，或 IELTS 总分不低于 7.0 分。

2.1.6.38　Northeastern University 东北大学

专业排名： 38

综合排名： 44

介绍：

东北大学（Northeastern University，简称 NEU）是位于美国东北部马萨诸塞州波士顿市的一所著名研究型私立大学。东北大学由 8 个学院组成，有 65 个系具备本科学历授予资质。它有 125 个专业提供研究生教育，可以授予硕士、博士和职业教育学位。东北大学成立于 1898 年，它的突出优势为跨学科研究、地处大都市以及课堂学习与实践相结合的教学方式。东北大学的优势项目是实习项目，与很多企业有合作关系，学生有机会在波士顿当地找到很多实习工作，积累实习经验。近年来，东北大学在北卡州的夏洛特市和华盛顿州的西雅图市都建造了新的校区，东北大学不仅仅是位于新英格兰地区的学校，而且是跨美国东西地区的大型高等教育机构。东北大学在 U.S.News 排名中已由 2015 年的第 42 名提升到 2017 年的第 39 名，属于美国国家一级大学。

项目名称：

M.S. in Electrical and Computer Engineering

Ph.D. in Electrical Engineering

研究领域：

1. 硕士研究方向

Computer architecture, parallel computing, fault tolerance, performance analysis and modeling, security, embedded systems, VLSI, algorithms, data mining, testing, machine learning, machine vision and software engineering, signal and image processing, biomedical signal processing and brain-computer interface, pattern recognition, adaptive signal processing, wireless and underwater communications, information theory and coding, robust and distributed control, optics, photonics, acoustics, and magnetics sensors, radio frequency chip design, digital and mixed-signal integrated circuits; low-power very-large-scale integration, modeling and analysis of large scale power grids during normal operation and under faults, dc-dc converters, inverters, rectifiers, and ac-ac converters, as well as modulation techniques used in power electronics.

2. 博士研究方向

Communications, Control, and Signal Processing

Electromagnetics, Plasma, and Optics

Microsystems, Materials, and Devices

Power Systems

申请要点：

GPA: 3.0+。

TOEFL: 79+。

IELTS: 6.5+。

截止时间：

秋季：1月15日或4月15日。

春季：9月15日。

2.1.6.39　Boston University 波士顿大学

专业排名： 39

综合排名： 42

介绍：

波士顿大学（Boston University，简称 BU），创办于 1839 年，是历史悠久的世界顶尖研究型大学，同时也是全美第三大私立大学，其主校区位于波士顿市中心查尔斯河河畔，与哈佛大学、麻省理工学院隔河相对。波士顿大学是北美顶尖大学协会美国大学协会（AAU）的 62 所成员校之一，也是爱国者联盟（Patriot League）的成员之一，素有"学生天堂"之美名。

波士顿工程学院开设 9 个专业的硕士和博士学位课程，工程类毕业生很受企业欢迎。

项目名称：

M.S. in Electrical & Computer Engineering

Ph.D. in Electrical & Computer Engineering

研究领域：

Bio-ECE and Digital Health

Computational and Cyber Physical Systems

Computer Communications and Networks

Cybersecurity

Data Science and Intelligent Systems

Hardware

Imaging and Optical Science

Mobile and Cloud Computing

Photonics, Electronics, and Nanotechnology

Sensing and Information

Signal Processing and Communications

Solid-State Circuits, Devices, and Materials

Software

Systems and Control

申请要点：

GPA 要求 3.5 以上。

语言要求：TOEFL 总分不低于 84 分，或 IELTS 总分不低于 7.0 分。

2.1.6.40　Iowa State University 爱荷华州立大学

专业排名： 39

综合排名： 122

介绍：

爱荷华州立大学是美国一级大学，创办于 1862 年，是艾奥瓦州艾姆斯一所享誉全美的大学，是久负盛名的学术联盟美国大学协会（AAU）成员校，CWUR 全美综合大学排名第 65。这所位于美国中北部小城的大学向来低调，但其在生物、农业、机械和物理等学科领域有着世界级声誉，该校设计学院的实力同样不容小觑。

项目名称：

M.S. in Electrical & Computer Engineering

M.Eng. in Electrical& Computer Engineering

Ph.D. in Electrical & Computer Engineering

研究领域：

Communications and Signal Processing, Electric Power and Energy Systems, Electromagnetics, Bioengineering, Microwaves and Nondestructive Evaluation,

Microelectronics and Photonics, Systems and Controls, VLSI Design.

申请要点：

GRE Quantitative 不低于 155 分。

语言要求：TOEFL 总分不低于 88 分，或 IELTS 总分不低于 6.5 分。

2.1.6.41　Rutgers University 罗格斯大学

专业排名： 39

综合排名： 63

介绍：

罗格斯大学（Rutgers University，简称 RU 或 Rutgers）是一所在世界上享有盛名的顶尖公立研究型大学，也是新泽西州规模最大的高等学府，全名为新泽西州立罗格斯大学（Rutgers, The State University of New Jersey）。

罗格斯大学是北美顶尖大学学术联盟美国大学协会（AAU）的 62 所成员校之一，也是十大联盟（Big Ten Conference）成员之一，被美国社会誉为"公立常春藤"大学。2019 年，罗格斯大学在 U.S.News 排名中位居全美第 55 名；2018 年，位居 CWUR 世界大学排名全球第 41 名；2015 年，罗格斯大学被《美国新闻与世界报道》（*U.S. News & World Report*）评为全球第 55 名。

研究领域：

Communications Engineering

Computer Engineering

Digital Signal Processing

Software Engineering

Solid State Electronics

Systems and Controls

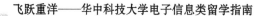

申请要点：

GPA 要求：

(GPA) of 3.2 on a 4.0-point scale.

GRE 的要求：

The minimum expected scores are: Verbal 500, Quantitative 730, Analytical 660 (Analytical Writing 4.5).

语言要求：

TOEFL Scores: Writing 22, Speaking 23, Reading 21, and Listening 17.

2.1.6.42　University of Notre Dame 圣母大学

专业排名：39

综合排名：19

介绍：

圣母大学（University of Notre Dame，又音译为诺特丹大学），始建于 19 世纪中期，经历了一个多世纪的辉煌，享誉全球，是一所私立天主教大学、研究型大学，位于美国印第安纳州的南本德，稳居全美 20 所顶尖学府之列。在 2018 年的 U.S.News 排名中，圣母大学位列 18 名。美国金融机构 100 强的总裁 CEO 中，本科毕业于圣母大学的人数占最多，雄踞全美各大学榜首。圣母大学每年来自校友的捐赠数额与哈佛大学并列世界第二。

申请要点：

Electrical Engineering

GPA: 3.0 or greater on a 4.0 scale.

TOEFL: the minimum score is a total of 80 points, with a minimum of 23 on the Speaking section.

IELTS: the minimum score is 7.0.

2.1.6.43　Washington University in St. Louis 华盛顿大学 – 圣路易斯

专业排名：39

综合排名：14

介绍：

圣路易斯华盛顿大学位于美国密苏里州圣路易斯市，是美国历史上建校最早，也是最负盛名的"华盛顿大学"，该校在《美国新闻和世界报道》（*U.S.News & World Report*）2014 年的大学综合排名中名列第 14 位，超过康奈尔大学、布朗大学等多个"常春藤"名校；2018《华尔街日报》/《泰晤士高等教育》美国大学排名第 11 名；2018 年世界大学学术排名（ARWU）全球第 20 位；2017 年 U.S.News 排名第 26 名；美国 9 所"新常春藤"名校之一，为世界一流大学。

研究领域：

Electrical Engineering (Master of Science)

Systems Science & Mathematics (Master of Science)

Control Engineering

Robotics (Master of Engineering)

Data Analytics & Statistics

申请要点：

TOEFL score of 90 or IELTS score of 6.5.

GRE 要求：

GRE scores are required for all Ph.D. and full-time Master's applicants with the exception of applicants to the M. Eng. in Biomedical Innovation degree program.

GRE scores are not required for applicants to part-time Master's or the

Bachelor's/Master's programs.

2.1.6.44 Brown University 布朗大学

专业排名：44

综合排名：14

介绍：

布朗大学（Brown University）是一所世界著名的顶级私立研究型大学，全美第七古老的大学，常春藤联盟成员校之一，1764 年创建之初，学校的校名叫作罗得岛学院，坐落在美国罗得岛州的首府普罗维登斯市。

布朗大学入学竞争极为激烈，本科生录取率仅为 9%，是全美录取难度最高的大学之一。该校最大特征之一即为"小而精"，在当今大学人数不断增长的环境下，布朗大学依旧保持着严格的招生制度和极高的入学门槛，师生比约为 1 ：7，堪称小型顶尖私立研究型大学，本科生 6,182 人，研究生仅 1,974 人，全职教师 736 人，但在如此之少的教师队伍中，就有七位诺贝尔奖得主，还有 1 位校友也曾获得诺贝尔奖。

申请要点：

语言要求：

TOEFL: iBT 90.

IELTS: Minimum overall band score of 7.

GRE：需要。

2.1.6.45　Case Western Reserve University 凯斯西储大学

专业排名： 44

综合排名： 42

介绍：

凯斯西储大学（Case Western Reserve University），世界著名高等学府，简称 CWRU，是一所以独立研究著称的世界顶级私立研究型大学，位于美国俄亥俄州克里夫兰。凯斯西储大学是美国一级国家级大学，同时也是美国大学协会（The Association of American Universities）的 62 所顶尖研究型大学中较早期的成员之一。凯斯西储大学由凯斯理工学院（1880 年由慈善家伦纳德·凯斯创立）及西储大学（1826 年，创办于康涅狄格西部储备区）于 1967 年合并而成。

凯斯西储大学是获得联邦研究基金最多的 15 所私立大学之一，常年稳居 U.S.News 排名前 40 名，其开设的法律、管理、医学、护理等专业都在业界享有很高的学术声誉和认可度。在 2016 年 U.S.News 排名中，凯斯西储大学位列全美第 37 名，泰晤士报世界大学排名将学校排在全球第 88 名，而在上海交大 ARWU 世界大学学术排名中，凯斯西储大学则位列全球第 99 名。在 2021 年的 U.S.News 排名中，凯斯西储大学位列第 50 名。2021 年 QS 世界大学排名位列第 41 位。

研究领域：

Electrical Engineering

Computer Engineering

Systems and Control Engineering

申请要点：

语言要求：TOEFL 90.

GRE：需要。

GPA：Applicants must have a B-average or rank in the upper third of their graduating class at an institution where status and programs are readily assessed.

2.1.6.46　New York University 纽约大学工学院

专业排名： 44

综合排名： 28

介绍：

纽约大学工学院（New York University Tandon School of Engineering）是纽约大学的工学院，也是纽约大学的 19 个学院之一，成立于 1854 年。工学院位于纽约大学的布鲁克林校区，是美国第二所历史悠久的工学院。纽约大学工学院拥有如计算机科学、金融工程、电气工程、网络安全、无线通信等专业。毕业生很多都在纽约或硅谷的高科技公司任职，有着极佳的业界口碑。

工学院下属设有 11 个系，分别是：化学与生物工程系、化学与生物科学系、土木工程系、计算机科学与工程系、电气与计算机工程系、金融与风险工程系、人文与社会科学系、数学系、机械与航空工程系、物理学系、技术管理系。

申请要点：

GPA: 3.0/4.0 or higher.

GRE: It is required for all applicants.

语言要求：TOEFL score of 90 on the internet-based test, or overall band of 7.0 on IELTS.

2.1.6.47　University of Arizona 亚利桑那大学

专业排名： 44

综合排名： 103

介绍：

亚利桑那大学（University of Arizona，简称 UA），世界知名高等学府，美国最负盛名的公立研究型大学之一，始创于 1885 年，坐落在亚利桑那州第二大城市图森市。该校的天文、地质、地理、土建等学科有着雄厚的科研实力，而人类学、社会学、哲学、法学、工程学、生命科学在美国也名列前茅，被誉为"公立常青藤"大学之一，同时也是北美顶尖研究型大学联盟美国大学协会（AAU）的 62 所成员校之一。

亚利桑那大学是亚利桑那州第一所综合研究型大学，每年从美国国家科学基金会获得接近 7 亿美元的科研经费，在美国大学中位列第 33 位，被卡内基教育基金会列为特高研究密集型大学。该校的光学研究中心是美国三大光学中心之一，也是世界上最优秀的光学中心之一，商学院的管理信息系统学科与麻省理工学院和卡耐基梅隆大学并称为 MIS 三巨头，此外，该校还是美国国家航空航天局（NASA）的重要太空辅助基地。

研究领域：

Autonomous Systems and Robotics Communications

Coding and Information Theory

Signal, Image and Video Processing

Biomedical Technologies

Computer Architecture and Cloud/Distributed Computing

Software Engineering and Embedded Systems

Circuits, Microelectronics and Very-large Scale Integration

Optics, Photonics and Terahertz Devices and Systems

Wireless Networking, Security and Systems

申请要点:

GPA 要求:

GPA of 3.3 on a minimum of 12 units of undergraduate UA.

GRE 的要求:

GRE is required for M.S. Thesis Option.

GRE is not required for M.S. Non-Thesis Option.

语言的要求:

TOEFL: minimum score of 79 iBT or 60 on the revised PBT with no section score lower than 15 (550 on PBT taken before 2017).

IELTS: minimum composite score of 7, with no subject area below 6.

2.1.6.48 University of California, Irvine 加利福尼亚大学尔湾分校

专业排名: 44

综合排名: 36

介绍:

加利福尼亚大学尔湾分校（UCI）是一所四年制公立大学，成立于 1965 年。它虽然是加利福尼亚大学各成员学院中历史最短的一所，但排名却紧追伯克利、洛杉矶分校之后，列全美最好的公立学校前十名之一。加利福尼亚大学尔湾分校除了拥有崭新优美的建筑外，教职人员皆具有深厚的专业背景，其中有三人为诺贝尔奖的获得者。

研究领域:

Optics and Electronic Devices and Circuits

Communications

Signal Processing

Machine Vision

Power Elcctronics

Systems Engineering

申请要点：

GPA 的要求：

Be in their 3rd year or beyond of undergraduate study.

Must also hold a cumulative grade point average of 3.5+ or be in the Campuswide Honors Program.

GRE 的要求：

Applicants are not required to take GRE subject tests.

语言要求：

An overall minimum score of 7 for admission, with a score of no less than 6 on any individual module.

TOEFL iBT minimum score of 80.

2.1.6.49　The University of Texas at Dallas 得克萨斯大学达拉斯分校

专业排名：44

综合排名：136

介绍：

得克萨斯大学达拉斯分校（The University of Texas at Dallas，简称 UTD），是位于美国得克萨斯州理查德森市（Richardson）的一所世界顶尖高等学府，世界顶尖研究型大学，美国一流公立大学，隶属于美国顶尖的得克萨斯大学系统。该校是得克萨斯大学系统中奥斯汀分校外，又一所有机会发展为美国前五十的学校。该校成立于 1969 年，是美国近年来发展最为迅速的大学之一。

申请要点：

GPA 要求：

A grade point average (GPA) in upper–division quantitative coursework of 3.0 or better on a 4.0 point scale.

GRE 要求：

GRE scores of at least 154, 156, and 4 for the verbal, quantitative, and analytical writing components, respectively.

语言要求：

IELTS: Minimum score is 6.5.

TOEFL: Minimum score is 80.

2.1.6.50   Vanderbilt University 范德堡大学

专业排名： 44

综合排名： 14

介绍：

范德堡大学（Vanderbilt University，简称 Vandy），由美国铁路大亨科尼利尔斯·范德比尔特捐建，是位于美国田纳西州纳什维尔市的一所享誉世界的私立研究型大学。学校创立于 1873 年，是位于美国南方的顶级名校，也是世界一流大学之一，属于新常春藤盟校。

作为美国最具影响力的私立大学之一，2018 年范德堡大学位列 U.S.News 排名第 14 位，仅次于杜克大学位居南方第 2，以其出色的教育质量和较强的科研实力，享有"南方哈佛"（Harvard of the South）的美誉。

申请要点：

语言要求：(TOEFL) and must score at least 88 on that test.

GRE：需要。

GPA 要求：minimum of 3.0 (based on a 4.0 scoring system).

2.1.6.51　University of Massachusetts Amherst 马萨诸塞大学阿默斯特分校

专业排名：44

综合排名：68

介绍：

马萨诸塞大学阿默斯特分校（University of Massachusetts Amherst，简称 UMass Amherst），又称麻省大学阿默斯特分校。始建于 1863 年，坐落在美国马萨诸塞州的阿默斯特镇（Amherst），是享誉世界的美国著名公立大学系统麻省大学中的一员，也是建校最早的校区，为世界大学联盟成员。每年约有 21,000 本科生和 6,200 研究生，包括来自近 100 个国家的国际学生在这里学习。

作为一所极其低调而又实力雄厚的大学，麻省大学阿默斯特分校也是美国文理学院四大联盟之一的麻省五校联盟中的成员。

申请要点：

语言要求：IELTS Academic combined score needed is 6.5. The minimum TOEFL scores is 80.

GRE: 需要 GRE General Test。

GPA 要求 : 3.0。

2.2 英国电子工程专业（EE）及院校介绍

2.2.1 学位介绍

表 2-2 为英国电子工程专业（EE）学位介绍。

表 2-2　英国电子工程专业（EE）学位介绍

学位	Master of Science	Master of Research or Master of Science in Res M phil	Ph.D.
特点	1 年	2 年 ~ 3 年	3 ~ 4 年
	就业 / 学术导向	就业导向	研究型
	偏实践，和就业联系紧密	一般作为读博士的衔接期	科学家、教授、研究员、学者

2.2.2 常见分支

- 通信与网络（Telecommunications/Communications and Network）

- 电力 / 能源工程（Power/Energy Engineering）

- 集成电路系统（Integrated Circuits Systems ）

- 传感器材料，半导体材料（Sensors and Semiconductor Device）

- 电子机器与设备（Electrical Machine and Drive）

- 铁路系统与集成（Railway Systems Engineering and Integration）

- 光学与光子学（Optics and Photonics）

- 机器人与自主控制系统（Institute of Robotics, Autonomous Systems and Sensing）

- 电子工程管理（Electrical Engineering Management）

- 生物医药工程（Biomedical Engineering)

2.2.3　分支详解

2.2.3.1　通信与网络

EE 下最热门的方向，电子计算机工程中的通信工程是运用通信尖端理论，进行无线通信技术的研究、通信协议的研究、基站开发、通信网络研究、提升通信安全及网络安全等。通信工程就是要致力于研究更快速、更可靠、更稳定的网络系统来安全高效地传递有效信息，包括文字、图像、影像信息的传递。申请竞争异常激烈，此方向与信号处理、计算机、控制与光学等广泛交叉，适合有以上相关背景的人申请。

代表院校：

●Imperial College London（帝国理工大学）：电子工程学院的重点学科，前沿的课题都有涉及，比如 5G、生物信号处理技术、医学成像、远程传感技术等，IET 认证项目。

●University College London（伦敦大学学院）：通信方向是优势方向，跨学科专业非常健全，开设有独特的商务电子通信硕士方向。

●University of Bristol（布里斯托大学）：精良的实验室设施，最前沿的研究课题（Spatial Channel Measurements, RF technologies），IET 认证项目。

2.2.3.2　电力／能源工程

能源系统研究涉及电能的产生、传输、分配和利用过程中的每一步。在该领域的研究可以包括各种主题，从功率半导体开关的操作到跨越数千公里的复杂的电力系统。电力系统工程旨在保持一种平衡，不仅是发电与负载的平衡，供电与耗电的平衡，更是能源消耗与可持续供能的平衡。能源工程就是研究怎样利用复杂的计算机技术升级这种平衡。

代表院校：

● University of Cambridge（剑桥大学）：专业实力强大，和众多世界五百强公司合作，可持续能源，新能源的开发是重点方向。

● Imperial College London（帝国理工大学）：97% 的研究课题属于世界顶级科研课题或者国际杰出课题，IET 认证项目，可再生能源系统的集成与开发是重点研究方向。

● The University of Manchester（曼彻斯特大学）：优势方向，课程设置中会加入高压能源系统的实验，实践性强。

● University of Birmingham（伯明翰大学）：能源工程是伯明翰大学的重点学科，智能电网与可持续能源系统的整合是其重点研究方向。

2.2.3.3 集成电路系统

集成电路（IC）是由半导体构成的小型化电子电路。在过去的半个世纪中，IC 产业呈指数增长，进入了我们日常生活的方方面面。集成电路在诸如计算机、微处理器、蜂窝电话、传感器和显示器等电子设备中普遍存在。本领域包括微电子学与微机械学、纳米电子学、超导电路、电路仿真与装置建模、集成电路设计、大规模集成电路中的信号处理、易于制造的集成电路设计、集成电路设计方法学、数字与模拟电路、数字无线系统、RF 电路、高电子迁移三极管、雪崩光电管、声控电荷传输装置、封装技术、材料成长与其特征化。

代表院校：

Imperial College London（帝国理工大学）：致力于未来集成电路的设计，比如混合信号处理、数字电路等的研究、IET 认证项目。

2.2.3.4　传感器材料，半导体材料

主要包括电器材料学与半导体学、电力电子及装置、电机、电动车辆、电力系统动态与稳定性、电力系统经济型运行、实时控制、电能转换、高压电工程等方向。

2.2.3.5　电子机器与设备

电子机器与设备涉及电子机器、能源电子、控制、能源转换及存储技术。比如永磁电机技术在汽车、航空航天、可再生能源等领域的运用。致力于提升能源更高的密度，增加能源效率，增强功能性及稳定性，比如电动汽车的稳定性及可持续性等。新能源汽车还有可再生能源等的研发都是在这个领域。

代表院校：

The University of Sheffield（谢菲尔德大学）：科研影响力排名英国前五的专业，IET认证项目，新能源汽车技术和可再生能源技术都是优势方向，每年有政府提供的超过 2800 万英镑的科研经费，拥有六个独立的研发中心包括劳斯莱斯大学技术中心及谢菲尔德西门子可再生能源研究中心。

2.2.3.6　铁路系统与集成

该领域致力于英国及欧洲的铁路系统的改革。致力于提升火车的速度、安全性、稳定性、可持续性、操控性及优化铁路运输调度安全管理。研究课题有铁路控制及仿真、路况监控与传感技术、中央数字控制系统、电力传输与使用、空气动力学、计算机仿真等方向。

代表院校：

University of Birmingham（伯明翰大学）：英国唯一开设铁路系统与集

成专业硕士的大学。

2.2.3.7 光学与光子学

包括光电子学装置、超快电子学、非线性光学、微光子学、三位视觉、光通信、X 光与远紫外线光学、光印刷学、光数据处理、光计算、光数据存储、光系统设计与全息摄影、体全息摄影研究、符合光数字数据处理、图像处理与材料光学特性研究、光纤材料。

代表院校：

University of Bristol（布里斯托大学）：IET 认证项目，由 EPSRC、EU、Nokia、QinetiQ、Hewlett Packard、Kodak、Agilent Technologies、TRL、Oclaro 等公司赞助。量子光子学理论是目前的研究重点方向。

2.2.3.8 机器人与自主控制系统

机器人技术是通过集成控制器、制动器、传感器、计算机核心为一体的前沿技术。目的是制造出具有多用途的功能型机器人来应用于不同领域，帮助人类更高效、安全、稳定地完成工作。机器人技术越来越多地被运用到交通、自动农业、医疗、环境应用及物流等领域，无人驾驶汽车及医疗手术机器人都是这个领域的前沿方向。

代表院校：

●University of Leeds（利兹大学）：利兹大学的机器人项目由电子工程、机械工程及计算机工程学院联合开办。涉及学科全面，知识体系覆盖面广。机器人技术在医疗、外科手术、康复领域的运用是其重点研究方向。利兹大学拥有众多相关的科研实验室及优秀的硬件设施。

●The University of Manchester（曼彻斯特大学）：有独特的 Robotics in Extreme Environment 方向，曼彻斯特的电子工程机器人控制方向与核能企

业联系紧密，致力于开发用于极端工作环境的功能型机器人，合作的组织有 Sellafield Ltd 等。

● University of York（约克大学）：运用性非常强的项目，致力于开发集团作业的机器人系统，包括陆地及空中机器人。

2.2.3.9　电子工程管理

该方向适合有工程背景想拓宽自己管理经验及学习管理方法的学生，学生可以通过模拟管理一个工程项目来学习管理技巧和方法。包括学习集成系统建模、工程管理技能、质量管理方法、运营管理、人力资源管理及管理会计等知识，同时也可以继续学习电子电气的内容，比如生产管理、纳米技术等。

代表院校：

● University of Glasgow（格拉斯哥大学）：学校的量子领域非常强，纳米工厂、纳米级工厂的生产管理都是优势方向，学生可以使用世界闻名的纳米工厂：James Watt Nanofabrication Centre。

● University of York（约克大学）：非常重实践的项目，课程都有行业内的项目经理来亲自教授，IET 认证项目。

2.2.3.10　生物医药工程

生物医药工程在英国是一个前沿学科，作为跨学科专业包含了应用物理、化学、数学、计算机及工程方法的理论知识，对生物行为、医药及健康相关的问题进行研究。生物医药工程师通过开发最先进的医疗设备来诊断、防御和治疗疾病，需要对生理学及解剖学有一定了解。

代表院校：

University of Bristol（布里斯托大学）：38% 的研究课题属于世界级研

究课题，55% 属于国际杰出课题，是属于英国开设较少的生物医疗工程硕士课程之一（IC 也有开设）。

2.2.4 专业背景

国内对应的本科专业包括电子工程、通信工程、电信工程、信息工程、电气工程自动化、微电、光电信息、精密仪器、测控技术和仪器等。许多物理、材料科学与工程等专业也可以转申 EE。

2.2.5 先修课要求

EE 专业对于申请者的课程背景要求，主要包括以下五类：

•数学类课程：微积分、高等数学、线性代数、概率与数理统计；

•计算机类课程：计算机基础、C 语言、Java、Python、Database、Mat-lab 等；

•物理类课程：大学物理、物理实验、流体力学等；

•专业相关课程包括专业基础课：电路基础、模拟电子技术、数字电子技术、单片机原理及应用等；

•各个分支需要的专业核心课程：通信电路、控制系统技术、超大规模集成电路设计、电力电子基础等。

2.2.6 科研、实习和竞赛等

学术研究型项目：如各种校内校外科研项目、专业类竞赛活动（如电路设计大赛、机器人比赛）、美国数学建模大赛、海外假期科研项目、国内外学术论文期刊发表等。

专业相关实习经历或工作经验：电气工程专业主要关注学生的学术科研背景，但如果学生能在名企有较长较深入的科研类实习经历，也可以为申请加不少分。

2.2.7　就业方向

工业界就业方向详解：

●网络/网络安全/无线网络（Computer Networking）：与工业界的联系紧密，研究课题实用，代表公司有 Cisco、Juniper、华为等。

●通信和信号处理（Communications and Signal Processing）：就业压力较大，其中通信网络行业（Wireless Communication）市场很大，但同时吸收计算机行业的毕业生。

●新能源（Renewable Energy）：从市场需求到政府支持都很充足，但具有一定风险，Start up 较多，可能不够稳定。

●数字/模拟电路设计（Digital/Analog Integrated Circuit Design）：EE/ECE 龙头方向，科研项目与工业界联系非常紧密，代表公司有 Intel、NVDIA、IBM 等。

●光电方向（Optics）：OE devices 涉及范围很广，Corning、IBM、Intel，这些公司均有很多 OE devices 相关的研发工作。

生物医疗技术：随着时代的进步，更先进的医学设备级机器人技术的运用一定是下一个时代医学进步的重要方向，市场会很大。

2.3 德国电子工程专业（EE）及院校介绍

2.3.1 学位介绍

表 2-3 为德国电子工程专业（EE）学位介绍。

表 2-3 德国电子工程专业（EE）学位介绍

学位	Master of Science	Ph.D.
特点	2 年	3 ~ 5 年
	全英语、德语、英德语	全英语、德语、英德语
	就业 / 学术导向	研究型
	适合当作 Ph.D. 的跳板	学者、大学教授、研究员等

2.3.2 常见分支

- 通信与网络（Telecommunications/Communications and Network）

- 计算机科学与工程（Computer Engineering / Computer Architecture）

- 信号处理（Signal Processing）

- 系统控制（Control Systems/Control）

- 电子学（Electronics）

- 电力（Electronics）

- 电磁学（Microelectronics）

- 微电子 / 微系统学（Microelectronics/Microsystems）

- 光学与光子学（Optics and Photonics）

2.3.3　分支详解

2.3.3.1　通信与网络

研究领域有无线网络与光网络、移动网络、量子与光通信、信息理论、网络安全、网络协议与体系结构、交互式通信、路由算法、多点传送协议、网络电化学、带宽高校调制与编码系统、网络差错控制理论与应用、多维信息与通信理论、快速传送链接、服务质量评价、网络仿真工具、神经网络、信息的特征提取传送储存及各中介之下的信息网络化问题，包括大气空间光纤电缆等介质。

EE 下最热门的方向，竞争异常激烈，此方向与信号处理、计算机、控制与光学等广泛交叉，适合有以上相关背景的人申请。

2.3.3.2　计算机科学与工程

此方向研究领域非常宽广，包括计算机图形学、计算机视觉技术、口语系统、医学机器人、医学视觉、移动机器人学、应用人工智能、生物机器人及其模型。还包括医疗决策系统、计算机辅助自动化、计算机体系结构、网络与移动系统、并行与分布式操作系统、编程方法学、可编程系统研究、超级计算机技术、复杂性理论、计算与生物学、密码学与信息安全、分布式系统理论、先进网络体系结构、并行编辑器与运行时间系统、并行输入输出与磁盘结构、并行系统、分布式数据库与交易系统、在线分析处理与数据开采中的性能分析。

与 CS 广泛交叉，很多在国内学习计算机的学生也竞相申请。

2.3.3.3　信号处理

信号处理是电子电气工程的基础。包含报刊声音与语言信号的处理、图像与视频信号处理、生物医学成像与可视化、成像阵列与阵列信号处理、自适应与随时间变化的信号处理、信号处理理论、大规模集成电路 VLSI 体系结构、实时软件、统计信号处理等。该方向中各个分支都具有很强的应用性，可以应用在制造业、航空航天业、医学界以及军事等领域，就业前景比较广泛。

2.3.3.4　系统控制

包括最优控制、多变量控制系统、大规模动态系统、多变量系统的识别、制造系统、最小最大控制与动态游戏，用于控制与信号处理的自适应系统，随机系统等。

2.3.3.5　电子学

本领域包括微电子学与微机械学、纳米电子学、超导电路、电路仿真与装置建模、集成电路设计、大规模集成电路中的信号处理、易于制造的集成电路设计、集成电路设计方法学、数字与模拟电路、数字无线系统、RF 电路、高电子迁移三极管、雪崩光电管、声控电荷传输装置、封装技术、材料成长与其特征化。

2.3.3.6　电力

主要包括电器材料学与半导体学、电力电子及装置、电机、电动车辆、电力系统动态与稳定性、电力系统经济型运行、实时控制、电能转换、高压电工程等。

三大方向：Power Electronics、Electric Machinery、Power System。

2.3.3.7　电磁学

包括卫星通信、微波电子学、遥感、射电天文学、雷达天线、电磁波理论及应用、无线电与光系统、光学与量子电子学、短波微光、光信息处理、超导电子学、微波磁学、电磁场与生物媒介的互相作用、微波与毫米波电路、微波数字电路设计、用于地球遥感的卫星成像处理、亚毫米大气成像辐射线测定、矢量有限元、材料电气特性测量方法、金属零件缺陷定位等。

2.3.3.8　微电子 / 微机电系统

微结构作为微电子学的发源学科，现代又产生了另外一个新的重要的研究领域——微机电系统。微机电系统是一个多学科交叉的领域，对于很多工程与科学研究领域有着十分重大的影响，尤其是在电气工程、机械工程和生物工程等方面。微机电的基础研究方面是微制备技术的加工知识，制造微小型结构的方法。

2.3.3.9　光学与光子学

包括光电子学装置、超快电子学、光数据处理、光通信、光计算、光数据存储、光系统设计与全息摄影、全息摄影研究、符合光数字数据处理、图像处理与材料光学特性研究。

2.3.4　专业背景

国内对应的本科专业包括：电子工程、通信工程、电信工程、信息工程、电气工程自动化、微电、光电信息、精密仪器、测控技术和仪器等。许多物理、材料科学与工程等专业也可以转申 EE。

2.3.5 先修课要求

EE 专业对于申请者的课程背景要求，主要包括以下五类：

• 数学类课程：微积分、高等数学、线性代数、概率与数理统计；

• 计算机类课程：计算机基础、C 语言、Java、数据库等；

• 物理类课程：大学物理、物理实验、流体力学等；

• 专业相关课程包括专业基础课：电路基础、模拟电子技术、数字电子技术、单片机原理及应用等；

• 各个分支需要的专业核心课程：通信电路、控制系统技术、超大规模集成电路设计、电力电子基础等。

2.3.6 科研、实习和竞赛等

学术研究型项目：如各种校内校外科研项目、专业类竞赛活动（如电路设计大赛、机器人比赛）、美国数学建模大赛、海外假期科研项目、国内外学术论文期刊发表等。

专业相关实习经历或工作经验：电气工程专业主要关注学生的学术科研背景，但如果学生能在名企有较长较深入的科研类实习经历，也可以为申请加不少分。

2.3.7 院校介绍

德国的电子电气工程属于世界一流，重要的电子电气厂商如西门子、施乐百、Goetze 等都在德国起源或者在德国开设研发机构。多数德国大学都开设有这个专业，也是德国留学热门专业之一。德国大学的 EE 方向也有众多分支，德国的院系及专业集中，优秀的 EE 学科均有开展英语授课

国际硕士。

2.3.7.1 亚琛工业大学

成立于 1870 年，是欧洲最负盛名的理工科大学之一，也是欧洲著名理工科大学联盟 IDEA 联盟的成员之一（其余为帝国理工学院、代尔夫特理工大学、苏黎世联邦理工学院、巴黎高科），TU9（德国理工大学联盟）的成员之一，目前学校有学生 4.4 万余人，包括 5000 名左右外国留学生、322 名教授，还有 260 个附属研究所，科研实力雄厚。许多外国著名公司如爱立信、福特、飞利浦、联合科技等都在亚琛建立了分部，三菱也在亚琛附近建立了欧洲半导体中心以吸收人才，微软的德国研究院也设在亚琛。

2.3.7.2 慕尼黑工业大学

它是欧洲工业革命以来历史最悠久和最有名望的科技大学之一（其余为剑桥大学、帝国理工学院、苏黎世/洛桑瑞士联邦理工学院、亚琛工业大学、代尔夫特工业大学等）。慕尼黑工业大学是国际享有盛誉的世界顶尖大学，也是"柴油机之父"狄塞尔，"制冷机之父"林德，"流体力学之父"普朗特，文豪托马斯·曼等世界著名科学家及社会名人的母校。近现代以来，慕尼黑工业大学被认为是德国大学在当今世界上的标志。在世界著名机构以及杂志的各类排名中，慕尼黑工业大学常年排名德国理工类大学榜首。迄今为止，慕尼黑工业大学已培养出 17 位诺贝尔奖得主。因其卓越的创新精神和优异的教学科研质量，在德国教育部的大学科研排行榜上，慕尼黑工业大学已经连续多年排名第一。特别是在和企业、实业界的产学研对接、合作上成就斐然。

2.3.7.3　斯图加特大学

德国著名的国立大学，也是世界著名理工科大学。它是德国历史最悠久的技术大学之一，TU9成员之一。斯图加特大学亦拥有全德国第一超级计算机中心（Hazel Hen），每年有九亿欧元预算及社会赞助的四亿二千万欧元科研经费。在世界排名中，斯图加特大学的机械工程、土木工程、电气工程都进入了世界前100名。

2.3.7.4　德累斯顿工业大学

始建于1828年，位于有"欧洲硅谷"之称的德国萨克森州首府德累斯顿，十一所"德国精英大学"之一，TU9成员之一，欧洲工业革命以来历史最悠久和最有名望的科技大学之一。德累斯顿工业大学开设有126个专业，是德国开设学科最广泛的综合性大学，以36962名在校学生位居德国规模最大的六所大学之一。1994年在德国高校中首先倡导并发起专利倡议，作为德国唯一与德国四大科研机构莱布尼茨学会、马克思普朗克学会、亥姆霍兹学会、弗朗霍夫学会合作的大学，2012年以2.04亿欧元的第三方项目资助位居德国384所高校第三位，其中电子工程与信息技术学院由13个系构成，有2288个注册学生。这个学院是德累斯顿"欧洲硅谷"的中心。

2.4　法国电子工程专业（EE）及院校介绍

2.4.1　学位介绍

法国高等教育结构复杂，学位种类独特，现有高等院校总的来说可分为综合大学（Les Universités Françaises）、高等专业学院（Les Grandes Ecoles Françaises）和高等专科学院（Les Écoles Spécialisées）三大类。

表 2-4 为法国高等教育结构。

表 2-4　法国高等教育结构

院校类别	简介
综合大学 （Les Universités Françaises）	包括法国公立大学
高等专业学院 （Les Grandes Ecoles Françaises）	属于法国的精英学校，完全不同于国内的专科院校。这类高等专业学院在法国所享有的声誉超过了综合类大学。高等专业学院按照各自专业及授予学位权限的不同分为工程师学院、高等商科学院等
高等专科学院 （Les Écoles Spécialisées）	主要是一些诸如艺术、建筑设计、附属医学、社会工作等专门领域的高等教育培养机构

法国现行高等教育体系采用与国际接轨的 LMD 教育制度（即学士—硕士—博士三级学位架构）。这一结构以获得高中会考证书（Bac）后的有效学习年限作为参照，来划分高等教育的学历等级：

- Bac+3 年 = 学士学位（Licence）(180 个欧洲学分)
- Bac+5 年 = 硕士学位（Master）(300 个欧洲学分)
- Bac+8 年 = 博士学位（Docteur）

2.4.2　常见 EE 分支

法国电子信息工程专业（EE）涵盖了社会的诸多方面，专业方向主要有机器学习（Machine Learning）、电子学（Eléctronique）、电路系统（Circuits）、通信安全（Communications et Sécurité）、信号处理（traitement du signal）等几大类。细分专业可选择多媒体、通信、微电子、信号处理、电源（模拟电路）等。

2.4.3　院校介绍

电子信息工程专业（EE）在法国很多院校有开设，在不少工程师院校可以申请，如排名靠前的院校有巴黎高等电力学院［Supélec（Ecole Supérieure d'Electricité）］、巴黎高等电信学校（Télécom Paris）、里昂国立应用科学学院（INSA Lyon）和格勒诺布尔综合理工研究院（Grenoble INP）等。

公立大学中设有该专业且排名靠前的有萨克雷大学（Université Paris-Saclay）、巴黎第六大学（Université Paris VI）、里尔第一大学（Université de Lille 1 Sciences et Technologies）等。

工程师院校偏重于实践，法国社会大众比较看好从工程师院校毕业的学生，因为从工程师院校毕业的学生有更多的社会资源和就业机会，若以后想在法国工作，可优先考虑工程师院校。公立大学会偏重学术一些，若有读博的需求，可优先考虑公立大学。

2.4.3.1　巴黎高等电力学院

巴黎高等电力学院是法国最著名的工程师院校之一。在能源和信息领域位居法国第一，在欧洲和世界也颇有建树。属于为数不多的 group A+ 类大学校，是顶级的精英工程师学校。

表 2-5 为巴黎高等电力学院课程解析。

表 2-5 巴黎高等电力学院课程解析

项目名	Master in Electrical Engineering
课程设置	Supélec 的 EE 方向是更加偏向 IT 领域的，课程的目标是培养 IT 研究专业人员，掌握 IT 的理论基础以及系统中实施的各种概念和工具 第二年主要的研究方向是高级无线通信系统，所有课程都用英语授课，旨在传达无线通信领域的扎实基础知识。首先为学生提供好一系列数学课程打好基础功底，之后开设无线通信和网络专业课程，之后学生需要参加一系列关于无线通信高级主题的研讨会，并且完成至少一个研究项目
申请要点	毕业于工程师学院 / 拥有同等硕士及以上学位 / 学士学位且有 3 年以上工作经验；最好是同时具备法语和英语技能 网申（11 月 – 次年 6 月） 参加评审团面试

2.4.3.2 巴黎高等电信学院

巴黎高等电信学院隶属于 IP Paris 联盟（法国四大工程师联盟之一），是第一所主要从事信息科学与技术高等教学与研究的工程师学院。该校在 2021QS 世界大学排名第 249 位。该校有以下四个电子信息相关专业方向可以申请：

- 通信及电子：COMELEC—Communications et électronique
- 信息及网络：INFRES—Informatique et réseaux
- 经济及社会科学：SES—Sciences économiques et sociales
- 信号及图像处理：TSI—Traitement du signal et des images

2.4.3.3 里昂国立应用科学学院

里昂国立应用科学学院是一所顶尖的法国精英学校、欧洲知名的理工学院、欧洲顶尖工科大学联盟（UNITECH）成员，里昂大学共同体成员之一。该学院以高质量的工程师培养及科研水平在法国和国际上具有极高的知名度，被誉为"工程师院校的典范"。里昂国立应用科学学院秉承

法兰西精英教育"小规模但高水准"的传统，为法国及世界培养了大批高素质的工程师及科研人员。

2.4.3.4　格勒诺布尔综合理工学院

格勒诺布尔综合理工学院是法国三所最著名的综合理工学院之一，每年在全球招收近 6000 名学生，国际学生占比约 15%。该院校设有两种文凭的课程：一种是工程师文凭，另一种是 Master 法国国家硕士文凭。其中，工程师文凭学制为 3 年，对于中国本科毕业生来说，一般是直接插读后两年，包括 3 个学期的专业课程学习和一个学期的实习，对电子信息专业感兴趣的可以选择电子、计算机与系统（Electronique，Informatique et sysèmes）和信息学、网络与网络安全（Informatique，Réseaux et Cybersécurité）两个方向。

2.4.3.5　萨克雷大学

巴黎萨克雷大学在 2020 年 8 月软科世界大学学术排名中，该校位居全球第 14，欧洲第三。对应的大专业方向为电子（Electronique）、电能（Energie Electrique）、自动化（Automatique）。拥有电子、电能、自动化学士学位或者同等学历的学生可以申请。该院校提供计算机工程、信号处理、自动化、电子和电信方面相关培训课程，M1 及 M2 都有许多细分专业可以申请，比如无线通信系统、自动化及信号和图片处理、集成电路系统、虚拟现实和人工智能等。

2.4.3.6　巴黎第六大学

巴黎第六大学，也称皮埃尔和玛丽·居里大学，是巴黎大学科学学院的主要继承人，也是现在法国最大的科学和医学集合体，在许多领域都处于顶尖水平，被多项世界排名评为法国第一和世界顶尖大学。2018年《美国新闻与世界报道》（*U.S. News & World Report*）将巴黎第六大学评为法国第1、全球第38，并在数学领域位于全球第1（超过普林斯顿大学，哈佛大学，加利福尼亚大学伯克利分校，麻省理工学院），常年稳定在世界前五。巴黎第六大学与巴黎第四大学已经于2018年1月1日合并成索邦大学。巴黎第六大学课程解析如表2-6所示。

表2-6　巴黎第六大学课程解析

项目名	电子信息与嵌入式系统 –5年（属于索邦大学的理工工程学院）
课程设置	专业把软件和硬件相结合。偏向电子和计算机嵌入式系统，为以后成为一名合格的工程师打好基础 所有学生在硕士学习的后三年必须参加3次实习
申请要点	法语（至少 B2+） 网申，面试

2.4.3.7　里尔第一大学

法国里尔第一大学始建于1562年，位于法国北部北加莱海峡大区，是法国著名的综合性公立大学之一，该校的理工科在法国有着重要的地位，规模也在法国名列前茅。学校非常重视对外交流，与全世界250多所大学建立合作关系，拥有45家实验室，其中33家为国家科研中心（CNRS）的协作单位。里尔第一大学课程解析如表2-7所示。

表2-7　里尔第一大学课程解析

项目名	自动化与电气系统 –2年
课程设置	自动化和电气系统（ASE）硕士的目标是培养电气工程和自动化领域的高级管理人员 第一学期提供的课程和模块都是通用的，这些模块具有基于信号和系统的不同方法。第二学期专门深入研究电气系统或自动化系统两个大方向
申请要点	法语（至少 B2+） 网申，面试

2.5　新加坡电子工程专业（EE）及院校介绍

2.5.1　学位介绍

Master of Science 一年制授课型研究生。

2.5.2　常见分支

- 电气工程（Electrical Engineering）
- 信号处理（Signal Processing）
- 计算机控制和自动化（Computer Control & Automation）
- 电子学（Electronics）
- 通信工程（Communications Engineering）

2.5.3　院校介绍及专业详解

2.5.3.1　新加坡国立大学

院系简介：

新加坡国立大学（National University of Singapore）是新加坡首屈一指的世界级顶尖大学，历史悠久，在工程、生命科学及生物医学、社会科学及自然科学等领域的研究享有世界盛名。2019 年 QS 世界排名 11，其中电子工程专业在全球排名 10。

专业详解：

理学硕士（电气工程）［Master of Science（Electrical Engineering）］

课程为实践工程师提供了极好的机会，申请者可以在纳米科学和纳米技术、生物医学系统、计算机／多媒体系统、数字和无线通信等各种工程领域中提升他们的知识和核心能力，专业涉及智能控制系统、电子和光电材料和器件、硅集成电路、微波和电磁学以及电能系统。

学生在理学硕士（电气工程）可选的分支是：

- 自动化与控制工程
- 通信工程
- 计算机工程
- 纳米电子学
- 电力和能源系统

申请要求：

- 绩点良好（3.0 以上）的电气工程或相关专业学士学位
- 最好在获得第一学位后有一段相关的工作经验
- 托福 85+，雅思 6.0+

2.5.3.2　南洋理工大学

院系简介：

南洋理工大学（Nanyang Technological University）设有工、理、商、文四大学院，下设 12 所学院，其中工学院是全球规模最大的工程学院之一，下属六所学院实力雄厚，着重创新。2019 年 QS 世界排名 12，其中电子工程专业在全球排名 12。

专业详解：

（1）M.Sc.（Electronics）

理学硕士（电子）课程的目的主要是培养电子行业的工程师，课程内容包括集成电路设计、微电子制造、电子和光子产品制造。

申请要求：

● 绩点良好（3.0 以上）的相关专业学士学位

● 相关的工作和实习经验是一个优势

● 托福 100+，雅思 6.5+

（2）M.Sc.（Signal Processing）

理学硕士（信号处理）课程专为实践工程师、硬件和软件设计人员、研发经理以及行业规划人员而设计，可以了解 DSP 技术的当前方法和发展方向。

申请要求：

● 绩点良好（3.0 以上）的相关专业学士学位

● 相关的工作和实习经验是一个优势

● 托福 100+，雅思 6.5+

（3）M.Sc.（Communications Engineering）

理学硕士（通信工程）的培养目标为希望获得在通信工程广泛领域的知识和技能的工程师和信息技术专家。提供的课程涵盖电信、射频工程和无线通信等。

申请要求：

● 绩点良好（3.0 以上）的相关专业学士学位

● 相关的工作和实习经验是一个优势

● 托福 100+，雅思 6.5+

（4）M.Sc.（Computer Control & Automation）

理学硕士（计算机控制和自动化）计划为实践工程师提供基于计算机的控制和自动化系统的开发、集成和操作的高级实用技能训练。

申请要求：

● 绩点良好（3.0 以上）的相关专业学士学位

- 相关的工作和实习经验是一个优势
- 托福 100+，雅思 6.5+

（5）M.Sc.（Power Engineering）

理学硕士（动力工程）课程专为电气工程专业毕业生而设计。该专业未来的职业方向是职业工程师、研发经理、电力系统设计师或行业规划师，课程深入了解电力电子和驱动技术，电能质量问题，电力系统建模，规划、运营和控制。该课程旨在让学生适应现代电力行业的挑战性需求。

申请要求：

- 绩点良好（3.0 以上）的相关专业学士学位
- 相关的工作和实习经验是一个优势
- 托福 100+，雅思 6.5+

2.6 日本电子工程专业（EE）及院校介绍

2.6.1 专业简介

电气工程及其自动化在日本属于电气工学科的电力工程专业。电气工程及其自动化涉及电力电子技术、计算机技术、电机电器技术信息与网络控制技术、机电一体化技术等诸多领域，是一门综合性较强的学科，其主要特点是强弱电结合、机电结合、软硬件结合、电工技术与电子技术相结合、元件与系统相结合，使学生获得电工电子、系统控制、电气控制、电力系统自动化、电气自动化装置及计算机应用技术等领域的基本技能。

2.6.2　学制介绍

日本硕士学制为 2 年、博士为 3 年。

2.6.3　常见分支

电路原理、电子技术基础、计算机原理及应用、计算机软件基础、电机学、控制理论、电机与拖动、电力电子技术、信号分析与处理、电力拖动控制系统、工业过程控制与自动化仪表等。

2.6.4　专业背景

国内对应的本科专业包括电子工程、通信工程、电信工程、信息工程、电气工程自动化、微电、光电信息、精密仪器、测控技术和仪器等。许多物理、材料科学与工程等专业也可以转申 EE。

2.6.5　先修课要求

电气工程专业对于申请者的课程背景要求，主要包括以下五类：

- 数学类课程：微积分、高等数学、线性代数、概率与数理统计；
- 计算机类课程：计算机基础、C 语言、Java、数据库等；
- 物理类课程：大学物理、物理实验、流体力学等；
- 专业相关课程包括专业基础课：电路基础、模拟电子技术、数字电子技术、单片机原理及应用等；
- 各个分支需要的专业核心课程：通信电路、控制系统技术、超大规模集成电路设计、电力电子基础等。

2.6.6 就业方向

学生主要学习电子能源工程学、计算、控制、工程学等各领域知识，涉及范围广泛，毕业生可就业的领域相对多元。还有很多大学设立了有利于学生获得高级资格证的课程，如电气主任技师、电气通信主任技师资格等。电气工程师主要从事电气和电子工业、计算机行业、电信业和电子能源供应领域的工作。

另外，毕业生还可以从事非电子行业，例如机械制造、汽车工业、化学工业、采矿业、冶金工业、交通控制等领域的工作，也可以选择做一名独立的自由职业者，或者在公共机构（机关、高校等）中就职。也有许多人为了学习更高层的知识和技术，选择进入研究生院深造。亦有人考上博士课程学习，进入大学研究机构工作。

2.6.7 院校介绍

2.6.7.1 东京大学

东京大学是日本国立大学，九所帝国大学之一，是日本的最高学术殿堂，校友包括许多国家领导级的人物。东京大学是日本排名最高的学府，也是世界前 50 大学之一，每年都有许多学子竞争进入东京大学就读。工学部是东京大学最庞大的学部，含有 23 个系 109 个讲座，几乎覆盖了所有的工程学科，包括土木、机械、电子、船舶、航空、原子能、资源、金属、材料、应用化学、应用物理、计算机等领域的众多学科，还设有一个工程基础系，一个原子能工程研究和综合试验场。

东京大学电子工程专业（EE）介绍如图 2-4 所示。

图 2-4 东京大学电子工程专业（EE）介绍

●电力能源：以高电压、放电等离子现象作为研究对象，和熊田准教授一起，对测量方法的开发、物理现象的解明、现象工学控制，以及新的应用领域的创造等相关的课题进行研究。

●放电等离子工学：对高电压、放电等离子等现象中诞生的新技术进行开发，基于量子化学计算的绝缘材料开发，使用 X 射线对电子束进行可视化观测，直流电下绝缘物体的带电现象，真空隔断器和直流隔断技术，变压器驱动机器的绝缘，IGBT 高耐压。

●电力系统智能电网：日本特有智能电网的构建，包含扬水发电站在内的供给运用计划、控制，电力自由化中的地区间的评价，自励式多端子直流送电系统的开发，利用 WAMS 信息的适应型稳定化控制系统装置的开发。

●功率电子学，智能电网：该研究室从 Power Electronics 应用机器和能源的储存装置、超电导应用机器等新技术对新电力系统构建的运用的研究，从硬件和软件两方面同时进行。

●超导工程、电能转换设备工程：超电导能源工学（超电导体的电磁现象和适用机器、系统），先进的电磁界应用机器、系统的研究。

录取条件：日语 N2 150+ 或 N1，托福 80，GPA 3.3。

2.6.7.2　京都大学

京都大学是继东京大学之后成立的日本第二所国立大学。1892 年，23 位国会议员在向国会提出的一个议案中提出，日本仅有一所东京国立大学，缺乏竞争，对办学和学生的培养都不利，建议在当时的西京——京都建一所大学，1897 年议案被通过，大学得以诞生，当时定名为京都帝国大学。

京都大学电子工程专业（EE）介绍如图 2-5 所示。

图 2-5　京都大学电子工程专业（EE）介绍

自动控制工学、通过电脑对样品值的电子控制、运用动态系统理论的应用数学研究：是对控制系统的理论和应用开展研究。除了理论研究，在具体的系统控制相关的方面，也通过实验、计算机模拟等方式，利用理论方面的研究成果进行研究。

录取条件：日语 N2，托福 80，GPA 3.3。

2.6.7.3　东京工业大学

东京工业大学是以工程技术与自然科学研究为主的世界一流理工大学之一。在英国泰晤士报教育专刊发表的 2023 年世界大学排名（THE-QS

World University Rankings 2009）中，东京工业大学的综合排名为世界55位，工程与技术（Engineering/Technology）类大学排名世界14位，自然科学（Natural Science）类排名世界24位。

东京工业大学电子工程专业（EE）介绍如图2-6所示。

图2-6　东京工业大学电子工程专业（EE）介绍

●化合物半导体电子设备/面向理论应用的电子设备/极细微构造：本研究室主要是在低电压时利用显示出世界最高电流密度的化合物半导体的InGaAs，对实现低电压高电流密度为目标的新型构造以及低电压和待机时的电力消费降低的设备进行研究。此外，在高电压领域，对于使用在耐压方面表现优秀的化合物半导体GaN的设备进行研究。

●电力电子。

- 电气机器学、等离子工学、高电压工学、静电气工学。

- 强电专业。

- 电力系统：可再生能源的发电电力系统的研究。风力发电、太阳能发电的电力输出变动特性的分析，分散性电源的系统联结技术的开发，电力储存系统的控制、运用，电力系统的供给计划开发，能源系统的分析。

录取条件：日语 N2 140+ 或 N1，托福 80 ~ 90，GPA 3.3。

2.6.7.4　大阪大学

大阪大学是日本 7 所著名帝国大学之一，由文部省领导。

工学部包括应用自然科学（化学科目、生物工学科目、精密科学科目、物理学科目）、应用理工学科（机械工学、生产科学）、电子信息工学、电气电子工学、信息通信工学、环境能源工学、地球综合工学、船舶海洋工学、社会基盘工学、建筑工学。

大阪大学电子工程专业（EE）介绍如图 2-7 所示。

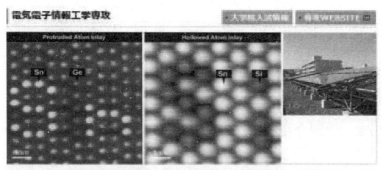

图 2-7　大阪大学电子工程专业（EE）介绍

●超传导电力应用：超传导电力储存装置以及二次电力储存装置总电力变换器和电力品质控制。新的电力能源流通系统以及品质差别化的电力供给核融合实验装置的超传导电磁电源的电流控制。

●实时模拟实验和控制相关研究：对电力、变换装置等系统构成所需的各种要素进行模板化，与电力、能源、高度道路交通情报系统的模板构建进行关联，利用所得到的模板对社会公共建设系统进行设计，以全球性的环境、能源问题的解决为目标。

录取条件：日语 N2 或 N1，托福 80，GPA 3.3。

2.7 韩国电子工程专业（EE）及院校介绍

2.7.1 专业简介

电子工程专业（EE）在韩国是被视为国宝类的专业。主要课程包括网络软件的开发与设计、网络设备的研发、电子信息产品的设计、通信网络的维护与管理、信息系统集成等。学生们可以接触到各种不同方面的电子科学与技术教育。

2.7.2 学制介绍

韩国硕士学制为 2 年、博士为 2 ~ 9 年。

2.7.3 常见分支

●计算机应用技术
●计算机网络技术

- 电气自动化技术
- 楼宇智能化工程技术
- 应用电子技术

2.7.4　院校及专业介绍

2.7.4.1　首尔大学 서울대학교（一般大学院 工学科）

院校简介：

首尔大学是韩国公认的最高学府，是世界顶级著名大学、亚洲顶尖的研究型国立综合大学之一，是环太平洋大学联盟、亚洲大学联盟、东亚四大学论坛和东亚研究型大学协会的成员之一。前任联合国秘书长潘基文及多位韩国总统均出身于首尔大学。

首尔大学建校于 1946 年，为韩国最初成立的一所国立综合性大学，被公认为韩国的最高学府。60 多年来，首尔大学得到了划时代的发展，已成为韩国国内最高水平的教育与研究机构，同时也是亚洲少数进入世界综合排名前 100 位的高等学府。首尔大学建校以来，一直领导着韩国学术界的发展，在国际学术排名榜中，众多领域均高踞韩国大学之首，并培养出了一批社会各界的领导人物，享有"韩民族最高学府"之称。

专业简介：

电气·情报工学 전기·정보공학과

细分：半导体元件·集成电路 반도체소자 및 집적회로

　　　电气能源系统 전기에너지시스템

　　　电子物理与激光 전자물리 및 레이져

　　　情报通信与电波工学 정보통신 및 전파공학

控制测量与自动化 제어계측 및 자동화

计算机与 VLSI 系统 컴퓨터 및 VLSI 시스템

2.7.4.2　高丽大学 고려대학교（一般大学院 工学科）

院校简介：

高丽大学是韩国顶尖、世界一流的研究型综合大学之一，与首尔大学和延世大学并称为"S.K.Y."，即韩国大学的一片天，是韩国公认最著名的三所大学之一。该校也是环太平洋大学联盟成员、亚太国际教育协会发起成员、亚太国际贸易教育与研究联盟成员和 Universitas 21 的创始会员，世界百强高校，它于 1905 年由时任大韩帝国内藏院卿的李容翊创立，前身为私立普成专门学校，是韩国第一个由民间资本设立的高等教育机构。

专业简介：

电子电器工学 전기전자공학과

细分：半导体与纳米 반도체 및 나노

　　　信号与多媒体 신호 및 멀티미디어

　　　控制·遥感·系统 제어·로봇·시스템

　　　电气能源 전기에너지

　　　计算机工学 컴퓨터공학

　　　通信与网络 통신 및 네트워크

　　　集成电路 집적회로

计算机·电波通信工学 컴퓨터·전파통신공학과

细分：计算机学 컴퓨터학

　　　电波通信学 전파통신공학

电子·情报工学 전자·정보공학과

细分：电子情报工学 전자정보공학

ICT 融合技术 ICT 융합기술

控制测量工学 제어계측공학과

细分：机电一体化 메카트로닉스

测量与传感器 계측 및 센서

智能自动车配件 스마트자동차부품

2.7.4.3 成均馆大学 서균관대학교（一般大学院 情报通信学科）

院校简介：

成均馆大学是一所亚洲顶尖、世界一流的研究型综合大学，是一所世界百强名校，为亚太国际贸易教育暨研究联盟（PACIBER）、亚太国际教育协会成员，与清华大学、北京大学、东京大学等高校共同加入了"亚洲校园"计划。

成均馆大学历史悠久，作为一所拥有六百多年辉煌历史的韩国著名学府，其历史可追溯至于 1398 年成立的朝鲜王朝最高学府成均馆，是最初的国家级教育机关。学校背靠韩国第一大财团"三星集团"。作为韩国最具影响力的大学之一，如同其校名，成均馆大学诠释着韩国的现代社会哲学。"成"——成人才之未就，"均"——均风俗之不齐。

成均馆大学作为韩国知名企业三星集团投资的私立学府，情报通信学科得到了三星集团大力的支持。学科与三星集团进行了产学共进的合作模式。为学生提供了非常优越的研究环境。

专业简介：

电子电器计算机工学科 전자전기컴퓨터공학과

细分：机电一体化与计算机应用 메카트로닉스 및 컴퓨터응용

控制测量与自动化 제어계측 및 자동화

通信与信号处理 통신 및 신호처리

VLSI 与 CAD VLSI 및 CAD

半导体与材料 반도체 및 재료

光与电子波 광 및 전자파

硬件与软件 하드웨어 및 소프트웨어

IT 融合学科 IT 융합학과

细分：次时代移动通信 차세대이동통신

多媒体 멀티미디어

应用 SW 응용 SW

内置 SW 임베디드 SW

融合新技术 융합신기술

DMC 工学科 DMC 공학과（针对三星在职员工开设）

细分：移动通信战略电子工学科 이동통신전력전자공학과

人类 ICT 融合学科 휴먼 ICT 융합학과

半导体显示工学科 반도체디스플레이공학과

太阳光系统工学协同课程 태양광시스템공학협동과정

能源系统工学协同课程 에너지시스템공학협동과정

2.7.4.4 延世大学 연세대학교（一般大学院 工学科）

院校简介：

延世大学位于韩国首尔，是一所以基督教精神建立的世界顶尖研究型综合大学，与首尔大学和高丽大学并称为韩国大学的一片天（S.K.Y.），位列韩国 SKY 顶尖大学第 2 位。该校为环太平洋大学联盟、东亚研究型大学协会成员。因为入学竞争极为激烈，是大学入学考试成绩排名前百分之一学生才能考进的大学，并且有每年韩国最负盛名的"延高战（延世大学和高丽大学的竞争）"。

延世大学创建于 1885 年，是韩国历史最为悠久的大学之一。延世大学前身是延禧大学和世博兰斯医科大学，"延世"则是从两校各取一字结合而成。世博兰斯医科大学的历史可追溯到韩国第一所西式医院广惠院。延禧大学是韩国历史上最早建立的现代大学之一。1957 两校正式合并为今天的延世大学。延世大学是韩国第一所进行留学生交换的学校。迄今为止已与包括清华大学、北京大学、香港大学、加利福尼亚大学伯克利分校等世界上 400 多所大学签订了留学生交换协议，105 个国家的留学生在校就读。

专业简介：

延世大学电子电器工学介绍如图 2-8 所示。

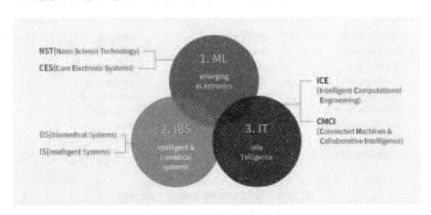

图 2-8 延世大学电子电器工学介绍

电子电器工学 전기전자공학

细分：信息电子产品

智能化与生物系统

情报学

2.7.4.5 汉阳大学 한양대학교（一般大学院 工学科）

院校简介：

汉阳大学建校于 1939 年，是一所在理工大学的基础上发展而来的综合大学。汉阳大学的前身是韩国实业家金连俊博士于 1939 年建立的东亚理工学院。1945 年更名为建国技术学校。1948 年 7 月更名为汉阳理工大学。1959 年升格为综合大学并更名为汉阳大学。学校为韩国以及国际社会输出大量理工科人才，学校特有的创意人才发展项目也为韩国的创业人才提供了优质的产业孵化系统。

专业简介：

汉阳大学电子电器工学介绍如图 2-9 所示。

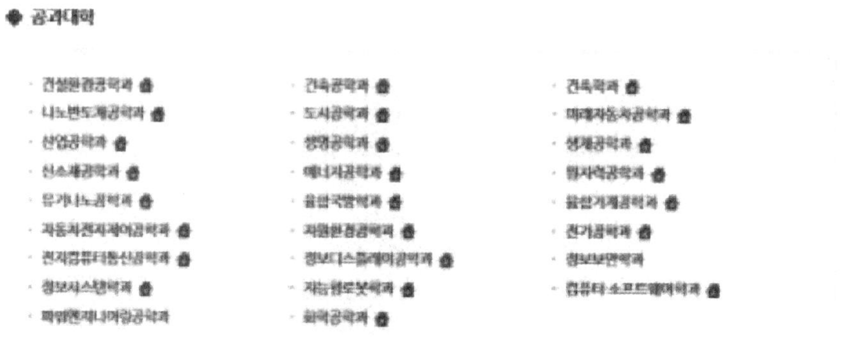

图 2-9 汉阳大学电子电器工学介绍

电子电器 전기전자공학

细分：

纳米半导体学 나노반도체공학과

新元件工学 신소재공학과

情报系统学 정보시스템학과

情报显示工学 정보디스플레이공학과

电器工学 전기공학과

情报保安学 정보보안학과

汽车电子控制学 자동차 전자제어（专门研究现代型汽车控制的学科专业）

第3章　留学申请解析

3.1　申请准备及规划

3.1.1　时间规划轴

如果决定要留学，尽早进行留学规划非常重要。这里的尽早做规划是指时间上的规划安排，大学四年如何度过，需要做好一个初步的计划。

1. 大一学年

（1）了解出国考试

不同国家和地区的不同学校有哪些分数条件，需要进行哪些额外的考试准备，建议同学们购买 GRE、托福考试方面的资料提前熟悉一下。

（2）重视大学成绩

有意向去国外留学的同学要提起精神，不能松懈，平均成绩越高越有利于申请。

（3）积极跟学校老师沟通、交流

询问老师的实验室中是否有合适的科研项目让你去做助手，积累项目经验。

2. 大二学年

（1）关注实习

就业是留学的最终目的。为了更好地就业，使自己将来有一个更好的发展平台，很多学生都选择以 EE 为代表的理工科专业。在毕业前收获一段或几段实习经历，在就业时是十分有竞争优势的，所以需要有留学准备的同学在大二时就开始关注实习，寻找实习机会。

（2）关注职业发展

留学可能会产生不菲的费用，美国留学生平均两年的花费在人民币 50 万元到 80 万元之间，如何收回这笔教育投资、对自己有一个交代，要提前考虑好。如果毕业后打算回国的话，就要了解我国这几年的就业方向、就业市场的倾向性；如果想学成后在美国多待一段时间，则要了解一下美国这几年 EE 专业就业的方向。

3. 大三学年及以后

为了做好申请、争取到最理想的申请结果，接下来的大三和大四上学期非常关键，应该提前做好清晰的规划。

（1）标准化考试成绩

EE 申请需要准备托福和 GRE 考试。如果有的同学已经考完托福和 GRE 且对分数比较满意，那么现在就要开始选校、定专业和准备文书写作了。如果准备时间偏短，托福还没有考到理想的分数，GRE 还没有考，那么也不要着急，先静心准备标准化考试。很多学校的截止日期是 1 月 1 日或者 1 月 15 日，所以在 12 月考完托福和 GRE 还是来得及的。如果还没有报上托福，那么就需要积极关注报名时间。GRE 的报名时间相对不太紧张。

（2）选校

同学们要根据自己的需求来选校，不要人云亦云，更不要因为虚荣或者攀比心理而执着于名校。选校的时候一定要参考这几个方面：排名、地理位置、专业就业机会、学费、学制等。盲目看重学校排名、过度的不自信、投奔亲戚朋友等都不是客观的选校因素。

学校官网是一个重要的参考，很多信息都会在官网写明，准备申请时一定要仔细查看官网上的信息，不可盲目相信留学机构或者留学网站提供的信息。

（3）安排申请进度

虽然 EE 的申请截止日期比商科的要晚，但有些学校还是有早申请、早审理的习惯。每年那些早申请的"早起鸟"会在圣诞节前后或者春节之前就拿到了录取通知书。这些同学因为节奏把握得好，所以早早地就吃了定心丸，在其他同学还在为考试或者申请奋斗的时候就已经拿到了心仪学校的录取通知。所以同学们在申请时，最好提早做好申请计划，把握好节奏，确保申请顺利进行。随着申请难度的增加，学生准备留学的时间越来越早，分数也逐年攀升，科研、实习、海外交换、夏季课程、夏季科研等提高申请背景的活动也越来越多，海外高校的录取要求也越来越严格，部分大学有时还要强调多元化的背景，所以建议同学一定要提早进行申请。

留学时间规划（以留美为例）如图 3-1 所示。

相关数据显示，在每年申请美国研究生的申请者中，中国学生所占的比例是最大的，甚至多于美国本土学生。以某所 EE 院校申请数据为例，年均 3000 份的申请材料中有 1500 份来自中国学生，而中国学生的录取率仅为 3%，也就是说，只有 40 名左右的顶尖中国学生会被录取。

那么可能很多人都会有这样的疑问：为什么有这么多学生被拒之门外，而美国顶尖名校录取的学生又有哪些特色？在成绩不是唯一指标的今天，在学术背景上该如何体现自己的水平？哪些指标是申请加分项目？哪些项目又是必不可少的？如何提高被名校录取的概率？

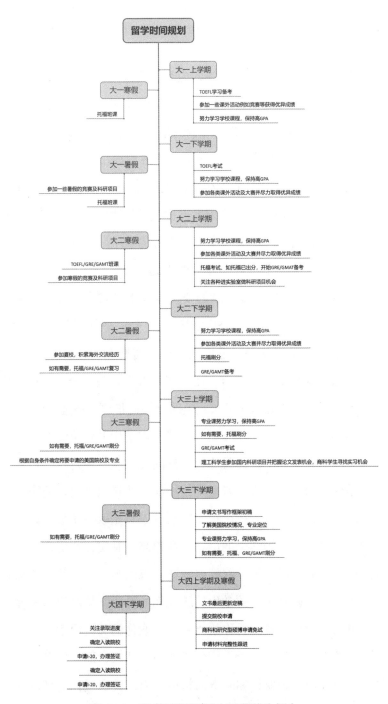

图 3-1　留学时间规划（以留美为例）

3.1.2　GPA（Grade Point Average，平均学分绩点）

GPA 是目前招生过程中最重视的内容。我国的高考非常严格，学生上了大学之后会有一种如释重负的感觉，部分学生可能会由于自制力不强而放松学习，导致自己的大学成绩不是特别理想。如果希望可以申请到理想的高校，研究生的申请都会比较看重大学的平均加权成绩。

在申请的学生中，65％的学生提出的问题与 GPA 或者标准化考试有关。因此需要强调的是，在硕士招生过程中，招生官们期待招到的不是学科领域的专家，而是学习能力和学习基础好的学生。GPA 之所以重要，是因为 GPA 正是本科院校衡量学生学习能力的指标。

学校和专业对 GPA/ 加权成绩的要求可以上学校官网进行查阅，大部分学校都规定平均成绩不小于 80 分甚至 85 分。即使学校没有直接指出 GPA 要求，想要申请好学校，平均成绩可能需要 85 分及以上。学科考试一定要引起重视，特别是数学类，比如高等数学、微积分、信息、代数、物理等科目，因为国外老师在审核成绩的时候，非常看重这些科目的成绩。

除了 GPA 以外，科研也是整个 EE 专业申请中非常重要的一环。科研背景有两方面的含义，一方面是你大学期间在实验室做过哪些实验，另外一方面则是你是否参与学校或者老师组织的一些科研项目。能否进入世界一流名校或者进入心仪的院校，很多时候并不只是取决于你的语言成绩。很多学校的老师觉得中国学生的语言分数很高，其实你在语言方面能听得懂、表达得出来就可以。国外院校老师在寻求的是有一定的专业基础、一到大学就能够帮助教师干活的学生，所以你的科研背景对他们来说是非常重要的，也是吸引他们着重看你的材料和录取你的关键因素。举个例子，卡内基·梅隆大学每年有上千名符合条件的申请人，而实际上录取的学生数量不超过两位数。想要让你的申请材料突出，要通过你的兴趣点展现出你对所申请专业的了解，所以一定要对专业有一个明确、清晰的认识。

3.1.3　留学考试

语言考试和加权平均成绩的要求一定要去学校官网查询，每个专业和学校的要求都不一样。

语言考试：比较优秀的学校都要求雅思 6.5 及以上，托福 92 以上，部分学校更倾向于申请人提供雅思成绩（比如麻省理工学院）。如果想更大概率通过选拔，则需要雅思不低于 7，托福不低于 105。请注意语言考试的小分要求，如果小分不达标，即使总分达标，仍然不能通过申请。

GRE/GMAT：GRE 分 为 General Test 和 Subject Test， 一 般 只 需 要 General Test 的成绩（最好在 325 以上甚至 330 以上），部分专业或学校会要求 Subject Test 的成绩，需要留意官网的申请要求。GMAT 面向商科，转专业至商科需要提供 GMAT 成绩。

3.1.4　背景提升

本科生经常犯的一个错误就是做了很多科研，但对科研的整个研究热点、未来趋势都搞不懂，单纯为了发论文而发论文。申请时可以把你做的项目中比较深入的内容展示出来，让老师看到你在项目中学到了什么、扮演的是一个怎样的角色。同时，在个人陈述里也可以去展现自己对这个行业的一些看法以及对未来研究方向的思考。通常，体现专业背景有两个途径，一是科研，二是实习。

1. 实习

我们建议第一份实习从大一暑假或者大二寒假开始，你至少需要提前3 个月准备简历并开始寻找实习机会。正式实习招聘的高峰期是每年的 4

月至 6 月，各大公司都会招聘暑期实习生，而有些公司甚至会提前到前一年的 9 月至 12 月就开始招聘下一年的暑期实习生了，比如宝洁、玛氏等，而临时招聘的实习则是全年都有，公司一旦有实习空位，就会在各大招聘网站发布。相比之下，临时招聘的实习岗位会更容易命中，前提是要能在学习之余抽出时间。如何平衡学业和实习就要自己权衡了。以下是大学生寻找实习的途径。

途径 1：亲戚朋友、师兄师姐、老师推荐

"一口吃成个胖子"不现实也不可取，对于从来没有过实习经历的同学，如果刚开始就想通过实习生招聘得到录用，这个概率微乎其微。正如全职招聘要看实习经历一样，实习招聘也要看学生之前的实习经历，如果之前的实习经历为零，那么你通过的机会就比较小（除非有其他非常特殊的经历）。这个时候，通过亲戚朋友、师兄师姐或者老师推荐进入一家知名度不是很高的公司实习，是一个很不错的方法。运用关系圈里面或者学校的资源，早一点让亲戚朋友和老师帮你留意相关的机会，并给你做推荐。另外，多去联系那些有过很多实习经历或者已经工作的师兄师姐，跟他们"套磁"、寻求推荐，这样的成功率也很高。有位 A 同学的第一份实习就是通过一个朋友的父亲推荐，参加了一个面试，进入了一家地产公司，从一个引路员做起，后来成了这个公司兼职组的组长，才拿到了后来的各种实习机会。

途径 2：参加学校学生会、社团、公益组织的活动

很多同学在学校都参加了学生会、社团等组织，这些组织有很多与外部企业接触的机会，比如社会实践等，你可以在和企业对接的活动中与企业负责人或者 HR 多接触，在时机恰当的时候，表明自己的意愿，希望对方能够给你提供实习机会。

途径3：参加"模拟面试大赛""求职大赛""创业大赛"等商业比赛

很多学校会举行类似的商业比赛，这些比赛往往会有一些实习名额。如果能拿到名次、获得实习名额当然是最好的，如果没有拿到实习名额，你也可以在比赛中和比赛后去接触主办方、合作单位，私下跟负责人联系，给他们发自己的简历和求职信，去跟他们"套磁"，表明自己很希望到他们公司实习，长期下来，你也很可能在他们的空档期中获得实习机会。

途径4：从网络上获取实习信息，投递简历或网申

这是一个最普遍的方法。为什么放到最后？因为这种方法更适用于已经有过至少一段实习经历的同学，等拥有实习经历之后，在网申的阶段才有更强的竞争力。

2. 校内科研 / 暑期科研

对于理工科的学生，科研经历显得尤为重要，那么本科生应该怎么进实验室做科研呢？

一般而言，越早进入实验室越好。你可以通过学校的主页来查找各个专业教授的简介，选择自己感兴趣的研究方向，然后发邮件给老师说明自己想进入这个实验室进行科研训练也可以通过邮件预约时间和老师面谈。然后，选择一个可靠的师兄或者师姐带你做实验。一般情况下，可以联系导师安排一个博士生来指导你。

在实验室，要有耐心，踏实认真。师兄或师姐交给你任务，要按时完成，遇到问题要及时和他（她）沟通，不要拖延，更不要急躁。只有每次都以踏实认真的态度完成实验任务，才能有效地推进实验进展，并且赢得导师和师兄、师姐的信任与认可。

在实验室，要学会查文献，会读文献，多读文献。会查文献是一项基本的技能，熟练掌握各种文献数据库的使用并快速找到自己所需的文献，

这对以后的科研是非常有帮助的。对于大部分的文献，需要看一下摘要，了解这篇文章的内容，然后阅读实验部分，了解具体是怎么做的，最后看实验结论。对于特别感兴趣的文献，就要详细阅读了，甚至包括文后列出的重要参考文献也要找到读一读。要多读文献，只有这样才能把握最新的研究进展，才能弄清楚自己应该做什么方向的研究，同时也可以提高自己的英语水平。

利用在校时间，多听学术报告会。一般在高校里会有很多的学术报告会，当你看到自己领域的专家做报告时最好抽出时间参与。国外专家的报告哪怕只能听懂一些，也要多去听，也许就是其中的几句话给了你研究的灵感。一般导师是不要求本科生参加组会的，但是有机会的话还是要去旁听。旁听组会时，你会听到实验室的各位师兄、师姐的科研汇报。虽然不一定能全部听懂，但是往往能听到很多有趣的研究方向，了解各个方向的背景和进展。如果有机会，最好亲自做次报告，这是对你调研文献、总结数据、制作 PPT 及口头汇报能力的一个绝佳锻炼机会。同时也要多和师兄、师姐交流，不懂就问，一般他们都会乐于告诉你。

最后，要有紧迫感。如果你的科研取得了非常好的数据，一定要抓紧时间和师兄或师姐商量文章的撰写，要知道科研"只有第一，没有第二"。在空闲时可以上"知乎""科学网"等网站补充知识或者消除自己的疑惑。

3.2 院校选择

高考时，我们通常按照自己的经历，结合亲朋好友的建议，再参考国内大学的排名（985、211 院校），同时综合学校的地理位置，来选择适合自己的学校。但是留学的时候，由于环境陌生，我们很难选择适合自己的学校。除了咨询专业老师，我们还可以参考的一个客观指标就是排名。

3.2.1　排名分析

在美国，排名（Ranking）是依托某一个机构而不是政府来进行的，所以大学排名层出不穷。知名的包括《美国新闻与世界报道》（*U.S. News & World Report*）排名、《福布斯》（*Forbes*）排名等。

拿《福布斯》排名来说，他们是按照什么要素来排名的呢？

The rankings are based on five general categories: Post Graduate Success (30%), which evaluates alumni pay and prominence; Student Satisfaction (27.5%), which includes professor evaluations and freshman to sophomore year retention rates; Debt(17.5%) which penalizes schools for high student debt loads and default rates; Four Year Gradation Rate(17.5%)and Competitive Awards(7.5%).

由以上内容可以看出，排名的重要指标是毕业后的成功率、学生满意度、学生负债率、毕业率和学生获奖率。所以，在选校的过程中，排名只能作为部分参考，研究某个学校的无形价值并摸透自身的真实需要也是非常重要的方面。很多留学生及家长一味看重排名，最后反而影响了学生的发展。但是仅仅利用排名挑选出一些合适的大学名单，而不是将它用于做最后的决定，这种做法是很明智的。

在这里，我们的建议是：

1. 根据综合评分对每个类别中的大学进行排名。

2. 对各大学的强势学科和所在的地区进行分类。

3. 按反映学术水平等指标搜集每个学校的信息，并按各个指标的重要性对各个因素给予适当的考虑。

首先，了解目标院校对研究生教育的重视程度。《美国新闻与世界报道》综合排名中的 228 所"全国性大学"（National Universities）包括全部的本科专业及硕士与博士学位项目，这样安排是为了强调教授的研究项目。

162所"全国性文科院校"（National Liberal Arts Colleges）几乎专门针对本科教育，授予的全部学位中至少有40%是文科。505所"地区性大学"（Regional Universities）包括全部的本科项目及某些硕士项目，但几乎不含博士项目。428所"地区文科院校"与全国性大学一样，重点是本科教育，但是它们一般没有全国性大学那样显著，在文科类学科授予的学位还不足全部学位的40%。

其次，注意专业排名而非学校排名。《美国新闻与世界报道》的综合排名更注重本科教育的比较，对于研究生、博士生教育来说并不一定准确。常春藤学校注重综合素质的培养，很多校友都身居高位，可能会给后辈同学提供一些帮助。在本科学习阶段，站在这样一个平台上，的确有助于学生的职业发展。但是，对于申请研究生却又不一样。例如，加利福尼亚大学伯克利分校几乎所有的博士专业都可以排在前10名，强势学科如视觉研究单独成了一个系。伯克利的强势学科可以媲美任何其他学校，它的博士学位也可以说是含金量最高的。所以，对于申请研究生及博士，还要看不同的专业，甚至不同的实验室。例如，哈佛大学的法学和医学是强势专业，耶鲁大学的法学院世界顶尖。但对于工科专业，哈佛大学不一定比得过排名50以外的普渡大学。计算机科学、电子工程专业最好的是麻省理工学院、斯坦福大学、加利福尼亚大学伯克利分校、卡内基·梅隆大学等。这一点主要取决于中美差异，美国大学综合排名的好坏主要看三大学院：法学院（Law School）、医学院（Medical School）和商学院（Business School），美国最优秀的学生多集中在这三个学院，不像我国的优秀学生多在工学院（Engineering School）。所以，工科学生选择院校时，不用太看重大学的综合排名，应更注重本专业的排名。

3.2.2 排名选择

美国综合排名前 50 位或前 100 位的大学都相当不错。美国是一个联邦制国家，其权力和财富不是集中在某个地方，而是分散在各个州。基本上每个州都有师资雄厚、具有全国影响力的大学，相互之间的综合实力差距也不太大。每个州都有至少一所某州大学（University of X）和某州立大学（X State University），这些学校的主校区都不错，有的学校会有多个校区，不一定都好，前者一般好于后者。但也有例外，如俄亥俄州立大学要好于俄亥俄大学。某州大学中比较好的有加利福尼亚大学（University of California）、得克萨斯大学奥斯汀分校（The University of Texas at Austin）、弗吉尼亚大学（The University of Virginia）、密歇根大学（University of Michigan）、伊利诺伊大学（University of Illinois）等。州立大学中比较好的有宾夕法尼亚州立大学（The Pennsylvania State University）、俄亥俄州立大学（The Ohio State University）等。

研究型大学有私立的，更多是公立的。私立大学的经费主要来自捐款和学费，所以学费要高一些。公立大学的一部分经费来自各州政府，学费稍低一点，但因为州政府出钱，州内学生的学费和州外学生的学费差距可能会很大。来自中国的学生要按州外学生的标准付费，所以学费也不会比私立学校低多少。由于公立大学学费低于私立大学、州内大学学费低于州外大学，所以很多优秀的学生也分散在各个大学，而不是集中在某一两所大学内。前面提到每个州都有两所好的大学，但有两个州的好大学却远远超过两所，这两个州就是马萨诸塞州和加利福尼亚州。麻省是五月花号登陆的地方，号称"The Spirit of America"（美国精神），有 200 多所大学，波士顿地区的大学最集中，有哈佛大学、麻省理工学院、东北大学、波士顿学院等。加利福尼亚州是美国经济、文化最发达的地区之一，名校也很多。

3.2.3 适合自己的学校

选择合适的学校有利于一个人今后职业生涯的发展。但通常来说，学生和家长在做出这个决定时，都没有考虑到很多细节的信息。

1. 衡量成功毕业的机会：学生常常只考虑录取，而忽视了真正重要的问题——毕业。上学的目标应当是最终能够毕业并且取得职业上的成功。然而在现实中，并不是所有学生都能顺利毕业。

2. 找到某一类院校而不是某一所：在寻找适合自己的学校时，应当注意找"同类院校"。很多研究型大学都具有共同特征，如教学质量、学生的规模和多样性等。因此在看似不同的环境下可以产生相同的学习成果。

3. 不要被学费所支配：学费在每一个留学生家庭的决策过程中都起着很大的作用，但不要让它决定你的选择。许多学校会提供助学金和奖学金给学生，虽然表面上需要支付全额学费，实际上最终需要父母支付的只是其中的一部分。

4. 学会合作与交流：大学能够拓宽自己的视野，是获得事业成功的起点。参考录取的各个国家学生的百分比、学习与不同背景的人合作，都有利于学生的发展。在全球化深入发展的今天，与有着不同经历、不同文化背景的人一起生活、学习显得更为重要。

5. 位置环境：多数人只考虑排名高的学校，而忽视了学校的地理位置。考虑排名在一定程度上存在着就业的风险，毕竟很多研究型大学都在偏僻的小镇。请记住一点，你接受的所有高等教育应该服务于你未来的工作。

6. 衡量声誉：在种类繁多的排名中，学校的声誉似乎变成了数字。但学生需要考虑的是一个学校在地区范围内的综合口碑，不要因为表面而忽视了内在。

7. 找到适合自己的平台：考虑申请的难度是一方面，但也要考虑大学培养的标准。高水平的研究型大学会给学生提供更好的机会。选择一个适合自己的学校几乎奠定了职业发展的轨迹。所以，预备留学生应该寻找的是拥有最适合自己的培养计划的大学，即其价值观与自己的价值观最匹配，其优势专业恰好是自己热爱的专业。

3.2.4　授课型和研究型的区别

在申请专业时，需要仔细分辨申请专业的性质是 Course-Based 还是 Thesis-Based，这二者有较大的区别。Course-Based 授课型（MSc/MBA/MA），通过修课来完成学位，相对而言学时较短。Thesis-Based 研究型（MRes/Mphil），适合热爱理论研究或愿意继续深造的学生。二者的区别是，授课型硕士往往不能继续申请博士学位，而研究型硕士可以。请仔细查看学校官网的专业相关信息，不要忽略二者的区别。

3.3　文书写作

大部分学校的必须文书包括简历（Resume/Curriculum Vitae），个人陈述（Personal Statement/Statement of Purpose）和推荐信（Reference Letter）。这一部分无论什么国家都基本相同。

3.3.1　个人陈述 PS

PS 的作用：通常来说，PS 用于补充和支持大家的 GPA 和语言考试成绩，GRE 的标准化成绩。

在申请竞争激烈的 EE 项目，录取委员会（admission committee）通常会把申请者分为 3 类：

a. candidates with excellent grades and test scores: good chance of admission

b. candidates who are borderline cases: application is competitive, but not outstanding

c. candidates with low grades and disappointing test scores: poor chance of admission

如果不幸被分到 C 类，一个出色的 PS 也很难扭转乾坤，但是可以做到雪中送炭，在 PS 中需要更加注重说明自己的学业科研表现和优势。

相反，被分到 A 类的同学，已经具备好了好的 GPA、标准化分数以及有分量的推荐信，除了学术科研表现，为了使自己与众不同，我们需要在 PS 中重点体现的内容还有 2 点：

a. explain our motivation and goals

b. document our character, integrity and work ethic

一份完整的 PS 包括：

1. Introduction（介绍）

表明自己想申请的科系，简述该科系适合你的原因。

2. Academic Background（学术背景）

陈述毕业学校、科系以及年份。

3. Work experience/Extracurricular involvement（工作经验 / 课外活动）

列出社团 / 课外活动，相关得奖经历，以及工作 / 实习经验。

4. Motivation（留学动机）

说明出国留学的原因以及选择该科系的原因。

5. Future Career Plan（未来职业计划）

写出具体的长期和短期目标。

3.3.2　个人简历

简历是指对于自身各个方面的简要介绍，是一种有针对性的自我介绍的规范化、逻辑化的书面表达。对于申请者来说，常常在申请各种交流交换，科研实习项目时就需要用到简历，故尽早制作大有裨益。在这里，我们仅对简历撰写的一般性原则进行阐述，并对一些常见问题做出解答。参考范文在这里不会给出，以避免简历雷同对每位申请生产生不利影响。

3.3.2.1　基本内容

留学简历一般包括个人信息（姓名、通信方式）、教育背景、标准化考试成绩、科研或工作经历、发表的文章、荣誉奖项、专业技能、课外活动等内容。在撰写简历时，应以倒叙方式安排内容，即时间较近的事件在前，时间较远的事件在后。简历的长度一般控制在 1 ~ 2 页。

标题：简历的标题一般是自己的姓名，字号较大，将联系方式（邮箱、电话、地址）等信息放在其周围。

姓名：遵循尊重对方习惯的原则，名（First Name/Given Name）在前，姓（Last Name/Family Name）在后，在填写各种表格时使用的姓名与之保持一致。

日期：包括出生日期，各项经历起止日期在内的所有日期，格式按照 "月 / 日 / 年 mm/dd/yyyy" 的格式书写，其中月份应参考耶鲁大学图书馆给出的缩写规范（https://web.library.yale.edu/cataloging/months.htm）。

电话：手机和座机均可，注意加上区号，如：+86（中国），+1（美国）等。

邮箱：一般网易邮箱、QQ 邮箱以及学校邮箱都可以。需注意邮箱过滤规则，经常性查看垃圾邮件以免错过重要信息。

教育背景：该部分信息应放在简历开头，需将自己的所有修学分的在校学习经历罗列清晰，包括：本科、硕士学位、双学位、海外交换或暑期课程（Summer Session）等。教育背景信息应包括以下内容：毕业学校名称、入校日期和毕业日期、专业、学位，如果 GPA 比较高，可以附上。若是转专业，可将修过的与申请专业相关的课程列出。

标准化考试成绩：做到既写总分，又详细列出单项或重要单项的成绩。

科研或工作经历：简明扼要地叙述参加过的科研项目或实习，通过提炼关键词的方式描述自己的主要贡献和运用的专业工具、方法等。具体内容包括：a.项目起止日期；b.项目名称；c.具体职责和成绩。应把握的要点是，要与申请目标相关，多方面展示自身素质。

发表的文章：以参考文献格式列出包括论文、专利、会议在内的所有文章，可将自己的名字加粗。

荣誉奖项：说明其等级、获奖比例、注明获奖时间、颁发机构等。

专业技能：会使用的专业软件、编程语言等。

课外活动：学生工作、志愿者经历等，写明组织或活动的名称（如学生会等）、担任职务、具体时间等。

3.3.2.2　格式

在 Microsoft Word 中使用表格工具编写简历，以方便文字的对齐和排版。具体方法为：首先插入表格，在表格中按照需求写好简历，再将表格框线去掉，留下必要分割线即可。为了方便编辑，去掉框线后可在菜单栏"表格"下拉选项中点击"查看网格线"，被隐藏的网格线会以虚线形式显示出来。

字体选择方面，以简洁美观、方便阅读为第一原则。推荐字体有：Times New Roman、Arial、Lucida Sans、Garamond、Verdana 等。根据需求，可对标题，正文使用不同的字体，但字体变化不宜过于频繁。

考虑到国外使用的标准打印纸为信纸（Letter），为避免不必要的麻烦，可在编辑时将纸张大小设置为"信纸"。该型纸张长度比 A4 纸略短，可通过适当调整页边距来控制排版效果。

简历通常限制在 2 页内，如果能够压缩在 1 页内更好。有些学校的申请指南中会对简历长度作明确要求，申请者应仔细阅读，避免出错。

通常情况下，使用 Microsoft Word 编写 CV，完成后导出为 PDF 格式。如果技术过关，也可使用 LaTex 进行编辑。

3.3.2.3　简历的重要性

作为了解一个申请者最简单直接的方式，简历几乎是所有申请材料中最先被审阅的，一份好的简历可以将你最突出的优势集中展现在教授或录取委员会面前，使其对你产生兴趣。由于很难施加文学化加工，简历更大程度上是对申请者真实实力的客观反映，因此它将作为面试、录取的重要参考依据。同时，在很多申请场合，如暑期学校、交流交换、暑期科研等，简历都是必不可少的材料，其重要性不言自明。

1. CV 和 Resume 有什么区别

一般来说，留学申请所用的 CV 和 Resume 的功能相近，内容相似。CV 是拉丁文 Curriculum Vitae 的缩写，意为"履历"。而 Resume 在美式英语中意为"简历"。一般在学术界，CV 包含个人学习经历、学术著作、重要成就等，不重视与文化程度和学习成绩无直接关系的资料，篇幅较长。而 Resume 较 CV 则更短，概述了与求职相关的教育准备和经历，是对经验技能的摘要，篇幅较短。

2. 简历和个人陈述有什么关系

简历和个人陈述应构成互补关系。

简历是将个人经历和特点做框架性展示，强调简洁和全面。个人陈述则强调细节和独特性，通过对重要，有代表性的事例的详细叙述来展示申请者的素质和能力。

个人陈述应作为简历的补充，而不是简单的扩写。在个人陈述中，申请者应把握住自身的核心竞争力，通过合理选择事例证明希望展现的要点，从而使教授或录取委员会在看过简历，大致了解全面概况的基础上更加深入地了解申请者与众不同的一面。

3.3.3　推荐信

推荐信（Reference/Recommendation Letter）是申请材料中很重要的一部分，一封有分量的推荐信甚至可以在申请中发挥关键作用。

申请系统中的推荐信提交流程大体如下：首先在网申申请系统中提供推荐人的姓名、联系方式、职位等，勾选"I want to waive my rights of reading the reference letter"选项，点击提交后系统会自动向推荐人邮箱发送一封包含推荐信提交链接的请求（request）邮件，推荐人点击链接后填写相关信息，上传推荐信文件。一般情况下，每位申请者需要提供三封推荐信。

理论上，由于我们选择了"自愿放弃查看推荐信内容"，整个推荐流程应该完全由推荐人完成。但国内的普遍现象是，由于推荐人的日常事务十分繁多，没时间为我们写作、提交推荐信，更多的时候需要自己撰写初稿后由他们修改并确认，因此我们仍然需要学习推荐信的写作方法。

3.3.3.1　内容

推荐信是从第三方立场上对申请者某方面的特点进行客观、简短的陈述。因此在主题内容的选取上应做到有所侧重，力求让三封推荐信从三个不同的角度对推荐人进行介绍。

在推荐信系统中，通常有一个对申请者的各方面能力或品质打分的步骤，以问卷形式呈现。这份问卷中涉及的问题实际上就是推荐信里应当详细描述的内容，具体包括：

申请人是否有正直的品质？

申请人的智力水平如何？

申请人勤奋程度如何？

申请人成为研究生是否合适？

申请人作为研究者和未来职业发展的潜质如何？

申请人在压力状态下表现如何，能否成功克服困难？

申请人的英语听说读写能力如何？

申请人有什么成绩可以反映其研究能力？

申请人比其他人优秀在哪里？

申请人有什么不足？

与 PS 写作要求一致，推荐信也应该选取合适的实例来支撑自己的观点，切忌空洞和泛泛而谈。

3.3.3.2　推荐人的选择

关于推荐人的选择，存在着两种不一样的论调，有人认为找"大牛"做推荐人很重要，有人则认为推荐信的内容更重要。在这里我们可以首先对推荐人及推荐信的意义做分析，供申请者结合实际情况选择适合的推荐人。

首先，推荐信的本质是一种来自第三方的对申请者的评价。就像有人向你介绍一个不认识的人，如果介绍人是你的朋友、熟识的师长或者某个权威人物，那么很大程度上他们会更容易接受你的推荐信。因此，如果你的推荐人恰好是这所学校的校友，或是招生官、教授的校友，那么被该学校接受的可能性相应地会增大。同理，如果你的推荐人是业界闻名的"大牛"，录取委员会也会相应地掂量推荐信的分量。

所以是不是得到院长、校长等头衔很高的人推荐就有优势了呢？并非如此。部分学校院系的领导层在行政级别上确实高，但学术造诣不一定高。一位学术地位不高，且未曾在专业方面对申请者做过长期的指导的领导写的推荐信与普通教授的推荐信无异。那么是不是业界"大牛"写的推荐信就有优势了呢？也不尽然。若"大牛"每年会发出很多推荐信甚至强推，长此以往该老师的推荐信的分量就会打折扣。

总体而言，招生委员会看重与推荐人有密切工作关系或者熟悉你的科研能力、学术水平和组织领导才能的人士。他们具体而有针对性的推荐往往比地位高的人或者所谓"大牛"的推荐信更有说服力，因此，"强推"的重要性高与"牛推"，适当的关系网络可在"强推"的基础上锦上添花。

3.3.3.3 格式要求

推荐信的格式参照一般书信格式即可，有些学校要求推荐信有正式的信头和签名，因此我们推荐在信页眉添加华中科技大学标识，在结尾处写上推荐人的职位、所属单位、联系方式等。推荐信完成后应打印并请推荐人签字，扫描后转换成 PDF 格式上传。

3.3.3.4 推荐信的核实

近几年的趋势表明，越来越多的学校开始使用技术手段对推荐信加以审查。一些学校会对上传推荐信的 IP 地址加以识别，一些学校会将推荐信 email 或者邮寄给推荐人要求核实确认。因此申请者在自行提交推荐信之前一定要让推荐人确认内容，确认后不得再做修改。提交时，切忌同时向同一所学校提交多封推荐信，应该尽可能变换时间、地点、电脑完成提交工作。如被发现推荐信造假，后果不仅是被申请的学校拒绝，更会影响学校声誉，给后续的申请者制造申请障碍。

3.3.3.5　推荐人的数量

通常情况下每所学校要求提供三封推荐信。但是鉴于提交推荐信工作本身十分麻烦，同时考虑到推荐人自身性格等，有的人不一定愿意帮你提交太多的推荐信。因此，在发出推荐信 request 之前，应与推荐人充分沟通，确认他愿意提交的推荐信数量，根据实际情况选择多于三位备选推荐人，以满足所有学校的要求。

3.3.3.6　风险与建议

这里谈的风险多存在于推荐人亲自撰写的推荐信中。由于选择了"放弃查看推荐信内容的权利"选项，我们无法得知推荐人到底写了什么，因此索要推荐信的同时，应尽可能确认该推荐信的性质。可在提出要求的同时直接询问"您会在推荐信中提及哪些内容"。一般情况下，推荐人会如实告知，申请者可以自行判断或决定是否使用、在哪些学校的申请中使用该推荐信。极少数情况下会遇到人品较差、言行不一的推荐人，因此在选择前应广泛了解该推荐人的情况，谨慎分配推荐信，不要将鸡蛋放在同一个篮子里。

3.3.4　写作规范

理工科申请的核心要素我们可以将其分为两个部分，一个是硬实力，一个则是软实力。所谓硬实力主要是指本科的加权平均分（绩点）以及标化成绩（语言考试），软实力主要是指项目经历、科研经历等等各类经历，这些都是文书素材的重要组成部分，能更主观地展示申请者的综合实力。尤其像论文、专利、参与国际会议与国际大赛等，这些都对申请很有帮助。

下面我们来介绍理工科学生在申请过程中最关注的两类问题：

论文（Publication）：主要是 SCI（《科学引文索引》）和 EI（《工程索引》）论文在申请中占的比重有多少？

其实不管是 SCI 还是 EI，都只是一种检索方式而已。诸如此类的检索方式还有：

Elsevier: SCOPUS www.scopus.com

Cambridge Scientific Abstracts (CSA): www.csa.com

Chemical Abstracts (CA): www.cas.org

Google and Google Scholar: www. google.com

ISI (ISTP, CPCI, Web of Science): www.isinet.com

Institution of Electrical Engineers (IEE): www.iee.org.etc

不同的搜索涵盖的数量和范围不同，所以申请研究生和博士时，也不是非拼 SCI 和 EI 不可。对于本科生，有文章发表就意味着你有一定的学术背景和能力，如果有出色的杂志或者会议收录你的文章，那么你离录取又进了一步。因为毕竟对方也是业内人士，看文章收录的杂志和会议名称就知道你的文章的含金量了。

3.3.5　专利

我们常常听到"专利"这个词，也经常听到诸如"发明""实用新型"和"外观设计"的概念，但可能并不清楚这三样东西到底和专利有什么关系。下面我们来讲讲这三个概念。

在国际上，一般技术方面的专利被称之为专利，把艺术设计方面的专利称之为外观设计。技术手段的专利指的是具有机械、电子、电气、生物、化学、医药等技术内容的技术方案。在文字意义上，技术手段的专利归根结底是一种技术方案。艺术手段的专利指的是对形状、图案和色彩做出设计，归根结底是一种设计。

我国的专利法定义的专利分类与国际上有一些差异，但究其本质是没有区别的。我国的专利包括发明、实用新型和外观设计，前两者都是技术方面的专利，外观设计是艺术设计方面的专利。

如果你是科学家、工程师或企业研发技术人员，你要申请的专利当然是发明或者实用新型（实用新型也就是我们一般说的"小发明"）。如果你是艺术家、设计师或工业设计专家，你要申请的专利当然是外观设计。专利是有区别于论文的另一种技术考量指标，一般发明专利的申请周期较长，实用新型专利申请周期较短，也较容易通过。

在国家知识产权局的专利查询系统上都可以查询到中英文对照的专利内容，所以想利用专利的噱头蒙混过关也是不可行的。

3.3.6 转专业申请

当下越来越多的学生选择去美国读研究生时转专业申请都是为了以后能找到一份高薪的工作。大多数同学都是单纯认为本科专业就业前景欠佳，想要翻身那么只有依靠转专业申请，但是对于自己究竟喜欢什么，本科的背景适合或者能做什么却并没有一个清晰的认识。

下面我们来谈一谈转专业申请：有一部分理工科类譬如自动化等专业的学生研究生阶段想转专业申请的，针对这一类转专业申请的学生，除了需要具备目标专业的基础课程之外，还需要多参与跟申请专业高度契合的相关的实习、项目或者科研等等。总之，就是要让招生官觉得，即使是转专业，你也是做足了充分的准备并且有潜力学好研究生的课程的。

1.转专业申请有哪些一定要把握住的原则呢？

一般情况下，转专业建议遵循"就近原则"。转专业跨度不可太大，相近专业比较好转。因为跨度比较大的专业有可能会达不到新专业的申请要求。同时，转专业申请时我们不可避免地会受到原专业申请者的强力竞争，所以竞争压力在无形中也在变大。所以我们一定要谨慎选择，切不可盲目跟风。

如果你特别不喜欢原来的专业或者相近的专业，对热门专业有很强的兴趣及相应的经历及能力，那么转专业就是必需的了。但是此种情况下还建议大家遵循"就业原则"，即要及时考察新专业的要求，比如是否接受转专业、新专业对标化的要求、需要提供的材料等。

总而言之，如果打算在研究生期间转专业申请，那么自身是否适合转专业，以及选择什么专业还要客观分析和判断。建议想要转专业的同学一定要趁早进行合理规划，结合自己本科所学专业，了解目标专业和院校的要求，做出恰当的选择，这样在申请时才能有更大的把握。

2.转专业申请应做哪些准备？

（1）补充专业要求先修课

想要转专业申请的同学们应该预先了解意向专业的课程和知识要求以及所看重的核心能力和素质。也就是说在保证本专业学习的 GPA 和还不错的标准化考试成绩的前提下，还需要及时补充相应要求的课程以满足学校的录取要求。除了在校辅修相关课程外，常见的网课平台也可以补充先修课，例如 MOOC 或者免费在线大学课程（Coursera），结课通过考试后会有文凭（Certificate），许多学校的网申里面也会问到是否有在这些平台上上过课。

（2）丰富相关背景，增加软实力

在确定转专业申请以后，同学们最好是从多方面进行实践，可以参加相关的学科竞赛、国际性比赛、含金量高的科研项目或者实习。在此过程中，同学们可以利用这样宝贵的机会，多多与自己的同学、老师甚至是行业内比较资深的前辈学习，加深自己对行业的了解以及逐渐清晰自己未来的职业规划。

（3）在文书中挖掘亮点突出自己的优势

在我们丰富自己的经历的同时，也积累了很多相应的文书素材，文书不是经历的堆砌，而是筛选有价值的材料，寻找自己与意向专业的契合点，用符合学术规范的语言和通顺的逻辑思维将自己的优势呈现出来。尤其可以突出自己对转专业的兴趣，原专业的背景对转的专业有哪些帮助；如果没有，还需要突出强调自己为此所做的一切准备工作能怎样使你能胜任研究生阶段的学习。

3.4　套磁与面试

3.4.1　套磁

在留学申请中，"套磁"是指申请者通过多种方式与目标导师或者招生办工作人员取得联系，以获取其招生计划、打探录取概率与经费情况、争取面试机会等为目的，最终帮助自己确定要申请的项目和导师，增加自己获得录取和奖学金的机会。

1. 哪些情况需要套磁？套磁对录取有多大帮助？

一般说来，申请硕士并不需要套磁，若是申请博士项目，需要在确定申请院校之前进行套磁。主要原因是，博士招生每年的名额较少，有的时候去年有博士招生名额，但今年可能因为经费不够，没有招生计划。

套磁对于获得录取的影响很难一概而论。这与各个学校以及各个院系的材料审核机制密切相关。美国硕士和博士申请主要有两种材料审核方式，具体如下：

（1）强委员会制（例如 Stanford EE，JHU BME）

第一轮：委员会集体决定进入面试的申请者名单。

第二轮：由研究方向匹配的教授进行面试，确定最终录取结果。

对于强委员会制，套磁对于能否通过第一轮审核的作用并不大，但如果在套磁中获得积极回复的教授在委员会里担任重要成员或者在系里拥有较强的影响力，套磁仍可能会稍微提高第一轮审核的通过率。对于第二轮审核，也就是面试中，如果事先已经和面试官或系里其他教授有过积极接触，可能也会稍有优势。但其实，对于强委员会制的项目，申请前获得套磁回复的概率普遍比较小。获得录取的最有保证的方式就是让自己具备丰富的科研经历、多篇发表的论文。假如自己实力欠缺，哪怕再勤奋地进行套磁，很可能也会石沉大海，得不到教授任何回应。

（2）强教授制（例如 Caltech EE, UCLA ECE）

强教授制，即相对于强委员会制的院系，教授在录取过程中占有主导地位，基本上可以决定自己所想录取的学生。对于申请这类的项目，套磁是非常重要的。一方面，在正式申请前的套磁可得知目标教授今年的招生计划。如果无招生计划，可及早调整自己的申请项目。另外一方，主动联系教授，可以让教授提前了解自己的研究兴趣和学术背景。若符合教授的招生条件，可以及早占据一个名额。待提交申请后，会大大增加面试、获得录取的概率。个别情况下，还可能会直接获得教授全额奖学金的许诺。

对于不同申请背景的学生来说，套磁的意义也不尽相同。

一般来说，套磁对在科研方面有优势，但对托福、GRE 不算突出的学生来说，是非常有意义的。通过套磁，可以尽可能地展示自己的丰富的科研经历、发表的论文，以及对目标研究方向的深刻洞见，都可能成为打动教授的武器。但反过来，如果你的各方面都不出彩，套磁也不会有什么意义。

总之，套磁对于博士申请来说是非常重要的。只要时间和精力允许，我们鼓励申请者对项目和目标教授进行更多了解，撰写套磁信。但在实际申请中，没有套磁也拿到录取的学生也非常常见。总而言之，套磁确实是一种增加录取概率的手段，但也并不是说，套磁本身可以完全左右你的录取。最终起决定性作用的还是你自己的实力。

2. 如何寻找套磁教授？

方法一：直接通过 Bing Academic（cn.bing.com/academic）快速查询博士项目和教授。

方法二：先确定自己的研究兴趣，然后依次按照 U.S.News 排名由前往后查。主要查询项目所提供的研究领域（research areas）介绍页面下的各个教授信息，了解教授的研究兴趣（research interests）和在研项目（current research projects）。

3. 如何挑选套磁教授？

首先，最重要的一点，需要查看教授的 Research Interests 是否跟你自己的十分匹配。其次，是看教授的职称。一般说来，美国院校里的教授分为以下三种。

Professor（正教授）：教授的年纪一般比较大，在系里影响力大，项目固定。看过的"套磁信"多如牛毛，而且已经形成了固定的招生习惯。一般来讲，如果他对你感兴趣的话，几天之内就会回信，在这种情况下，你获得录取的希望就很大。如果他迟迟不回信，就代表他对你不感兴趣。有时也让自己带的博士生来处理邮件。

Associate Professor（副教授）：副教授项目多，会议多，人脉广，好找工作。招生需求较高，当然水平也是很高的。

Assistant Professor（助理教授）：助理教授一般都有启动资金，需要人手干活，而且还没有形成固定的招生习惯。所以跟助理教授"套磁"成功的可能性相对较大。

4. 套磁时间

（1）早期套磁

早期套磁在申请进行前，主要联系对象是在该校研究生院的秘书，主要向他们询问专业的招生情况、录取比例、奖学金发放比例、学费、该专业的组成、现在正在研究的项目、学生毕业去向等，还有该院系在哪些方面的研究较强、学校设施以及在当地可以利用的资源等等。了解了这些对于你是否选择该校以及把握申请的胜算情况是很有参考意义的。

在了解自己要申请的项目和研究方向后，就可以和相关的教授联系了。可开门见山直接表达对教授的研究方向感兴趣，并针对教授的研究项目和领域提一些自己的问题。这要求申请者有很强的学术背景，从而能跟教授进行比较深入的谈话。

（2）中期套磁

中期套磁一般是在申请材料提交前后进行。这时候既可以和教授探讨学术问题，又可以让他对你感兴趣之后及时看到你全部的申请材料。

（3）后期套磁

大部分的学校会直接发放带全奖的录取信，如果收到的是无奖学金的录取，之后需要进行后期套磁。如果在1月中下旬还没有收到任何录取结果，也可以进行后期套磁。

5. 套磁的几种方式

（1）模板海套

模板套磁信主要包括 GPA、排名、英语成绩、科研经历和成果等。由于有的老师不喜欢看含有附件的邮件，也不会专门下载并打开，比较推荐的做法是专门准备一个个人网页，然后在邮件正文中附上网址链接。需要注意的是，海套的命中率一般较低，对真正感兴趣的导师还是要用下面的几种方式"重点捕捞"。

（2）学术套

有科研优势的同学可以简要介绍自己的研究和特殊技能。如果有文章可以直接附上论文（用网站链接更好）。但最重要的是阐述自己过去的工作和对方的研究有什么联系、自己的技能如何起作用或者对教授的研究提出自己的深刻的见解。套磁本质上是一种"推销"自己的过程，"我知道你需要 A，而我正好具备 A，因此我们的合作可以如何为双方都带来好处"，而不是"我觉得你 A 好，而我 B 很优秀"。

（3）内推

内推是成功率最高、最省时省力的一种方法。我们学校有很多刚回来的青年教授，他们在国外会有质量较高的人脉。如果在这些老师手下干得好，申请时可以问下导师有没有推荐的好去处，很有可能可以被直接内推给美国的学术伙伴。毕竟大家都更信任知根知底的人，可以省去甄别、考核的成本。

需要提醒的是，如果国内导师愿意内推并且内推成功，一般来说这种 offer 都是必须去的。一旦反悔，会对国内导师的声誉和人脉造成巨大损失，也会断了学弟学妹们的求学路。

另外，在请求老师内推时一定要保持谦恭、感恩的心态。老师们本没有义务内推，他们愿意推荐值得感恩，婉拒这样的请求也可以理解。

（4）面套

面套是除了内推以外成功率最高的一种方式，面对面的交流比邮件或者 Skype 更直接有效。面套需要尽早联系，预留出准备旅行的时间和精力。这种方式主要有以下几种途径。

a.暑研、暑期学校

通过项目或者实习直接进入目标导师实验室工作，用能力打动老师，这是最直接且最有效的方法。另外，在实习期间一定要利用好地理优势，尽量多联系自己感兴趣的老师们，争取面谈的机会。一方面，这是让对方了解自己、加深印象的绝佳时机；另一方面，我们也可以实地考察教授的实验室环境、组内氛围，甚至和组里的学生当面聊聊都是可能的。一般来说只要邮件礼貌得体，老师都不会拒绝主动拜访实验室的请求。

b.学术会议

如果申请期间恰好有规模较大的学术会议且已知目标教授会出席，可以自费报名并在开会间隙和导师会面。一般来说教授在开会期间时间较多，回复邮件概率高速度快，面谈请求基本都会同意。

c.前往当地面试

如果预算不是问题，可以专门为面试安排一次行程。面套时带一份打印好的 CV，提前熟悉教授的研究背景和自己经历的英文表述，结束后给老师一封感谢信并且在申请阶段保持联系。

6.第一封套磁信

一定要控制在 200 字以内。对于一个陌生人的长信，忙碌的教授是不太可能仔细看的。所以第一封信一定要简练。

套磁时最好对教授的科研情况有充足的了解，知道教授有什么项目，需要什么方面的人才，根据对方的研究方向突出不同的技能点。如果不清楚老师的需求，可以在邮件中问。然后结合自己和老师的情况，说明为什么自己是一个 good match, 自己可以为老师提供什么方面的帮助。

当然，这并不意味着申请方向一定被限制在本科研究方向，有的教授可能更看重潜力和态度。但一般来说，大致方向上保持一致性成功率较大。

直接表明目的，询问老师招不招生，哪个招生，希望要什么方面的学生，能否给自己一个机会。如果套磁的时间很早，可以试试从讨论学术问题出发。但是如果时间上已经比较晚了，还是直接一点好。

7. 其他注意事项

邮箱设置：在与教授联系时，我们推荐用学校的官方邮箱（以 hust.edu. cn 结尾），或者使用 Outlook、Gmail 等由国外服务商提供的邮箱。

邮件标题：推荐的有 "Prospective Graduate Application-×××(your name)" or "Inquiry on Ph. D openings from prospective students-×××(your name)" 等。

广泛搜集信息、互相合作：各大论坛都会有许多有用的申请信息，例如一亩三分地、寄托天下等网站。国外的师兄师姐、身边的同学和老师也是宝贵的信息来源，主动、礼貌地联系这些人获取信息。同时，可以和身边一起申请的同学组成合作小组互相分享调研的成果，在有限的准备时间内提高效率。

如果和老师有联系（connection），可以在邮件中提出：例如你们是校友，都在某杂志发表过类似的工作，都认识某个人等等。但这只是"锦上添花"。

切忌同时套磁：一般一个系里同一方向只能联系一位教授。只有在被套教授两周左右的时间没有回复，再换其他教授进行套磁。

尽量争取电话或者面对面交流：如果第一次套磁后老师回复较为积极，可以主动提出电话面试或者面谈。

切忌对教授死缠烂打：如果你发邮件给教授，教授没有回复的话，千万不要鲁莽地打电话给教授。如果两周都没有回复邮件，那基本上就可以确定他们不会回复了。请勿发更多邮件去催问。

切忌过分强调自己优秀的 GRE 和语言考试成绩：如果 GRE 和语言考试的成绩比较突出，可以在套磁信中提及。研究经历和未来想研究的方向才是讨论的重点。过年过节记得给老师发邮件发祝福，这时可以适当联系老师并及时更新申请状况。

3.4.2　面试

面试对申请成功与否至关重要。拿到面试，申请基本上就成功了一半。面试过程中主要考察的是口语水平、学术水平、沟通能力和接受 offer 的可能性。在面试过程中招生方会更加了解学生，而学生也更加了解申请的学校和项目，对双方都是辅助决策的重要环节。

1. 面试通知

大多数学校（教授）会事先联系确定面试的时间和地点。如果是视频面试，需要提前准备好 Skype 账号。在确认时间时，需格外注意时区的换算以及夏令时和冬令时的转换。

2. 面试准备

面试的内容主要围绕以下几个方面。

（1）自我介绍

准备一个 1 分钟的自我介绍，主要包括自己的教育背景、研究兴趣、研究经历和成果。

（2）研究经历

一般来说面试都会以聊聊研究经历开始，因此一定要对此进行非常详细的准备。研究经历的准备分为"浅出"和"深入"两个层次。

"浅出"是能够简单地概括研究内容。能够阐述研究的大背景、方法和意义，以及自己个人在整个课题中做出了什么贡献，有什么重要性。如此给面试官一个整体的印象，能让他感到你是真的对这项研究有理解有思考。

"深入"是能够具体到细节。比如实验环境和设备参数、关键的实验原理，以及研究过程中遇到的问题和解决方案等。有时面试官会出于好奇询问细节，但更多时候是为了确认学生 PS 和 CV 内容的真实性，所以细节也需要好好准备。

有关如何准备面试中研究经历的讲解，可以在面试之前专门针对自己最亮眼的科研做一个展示（presentation），当教授要求介绍科研经历时就主动请求展示已经准备好的 PPT（教授大多也会欣然同意）。这样一来对方的关注点就被引到了 PPT 上，之后的问题基本也会围绕你熟悉的内容。

（3）动机

国外老师非常重视一个人的动机。对于申请者来说，动机体现于这三个问题：

a. 为何选择之前的研究方向（我是如何走到 A 地点）？

b. 为何选择将来的研究方向（我为何想去 B 地点）？这包括为什么选择该学校该专业、对该校哪些老师感兴趣（需要提前调研）

c. 之前的经历如何影响我后面的选择（A 如何转到 B）？

只有这三点都阐述清楚了才能构成一个逻辑完整的动机。

（4）未来规划

一般面试官还会问未来的打算，例如是想进入工业界还是学术界，或者政界商界等。和研究兴趣一样，未来的规划应该是基于过去的经历，只有讲清楚了这中间的逻辑联系才会更有说服力。

（5）有关教授的部分研究课题

在这一环节，教授和同学沟通将来可能研究的方向，问学生了解多少，是否感兴趣。有些时候还会根据自己可以的要求，提出进一步的问题，例如问学生对 MATLAB 是否熟悉。面对教授的临时发问，不用紧张，如实回答即可。

（6）自由发问时间

面试快结束时对方一般会问有没有问题要问，这就需要提前准备 2 ~ 3 个。可以询问与专业无关的问题，例如老师的风格、组内气氛、基金(funding)和项目情况等，这些非学术问题可以作为自己收集信息的手段。当然，如果面试官的研究方向与自己相关，或者恰好就是自己的目标教授，可以提前看看 paper，从学术讨论入手提出好问题或者新颖的观点是可以加分的。

3. 面试形式

（1）面对面

a. 着装以商务休闲装（ business casual ）为佳，太正式显得刻意，太邋遢显得随意。

b. 注意提前到达面试地点，千万不要迟到。

c. 见到老师时主动问好，介绍自己并握手。

d. 谈话时和老师主动眼神交流、面带微笑、不时点头、适当做手势，身体放松。

e. 结束时主动和老师表达感谢并握手告别。

（2）视频面试

a. 如果是在 Skype 等通信软件上面试，应该提前调试、测试好硬件，并在开始前 5 分发消息告诉教授自己已在线上。

b. 注意面试时房间的背景，一般纯色背景比较好。

c. 练习讲话时看摄像头而不是盯着屏幕，这样可以让老师感到你的目光是注视着他的。

d. 谈话时和老师主动眼神交流、面带微笑、不时点头。

（3）电话面试

a. 注意语调要有变化，语速不要太快，语气热情，面带微笑。

b. 麦克风不要太近，避免呼吸声的干扰。

（4）面试后续

面试结束后尽快发邮件表示感谢，主要写明：

a. 对该学校的印象，深刻地表达自己对该学校的热情和喜爱。

b. 对面试内容的整理和总结，相当于给教授的面试备忘录。

c. 对当场没说清的或若没提到的问题再做一些讨论和说明。

4. 意外情况

（1）教授没按时出现

立刻发邮件礼貌地询问教授现在是否有时间（available），是否需要换时间。不建议直接打电话给教授，可能会冒犯对方。

（2）多个教授同时面试

一般来说如果有多个教授提前面试，这些教授中至少会有一个是对你很感兴趣并可能招你的，其他的教授都是"陪衬"。这种情况下最好提前了解可能是哪个老师要你，要特别注意回答他的问题。

（3）教授英语不好

有时教授不是美国本土人，可能说话有较重的口音。这时可以先强调一下电话效果很差，为以后的请求再说一遍（pardon）作借口。

5. 其他的注意事项

● 不说任何消极的事情。

● 在面试中不要埋怨学校不好，也不要指责任何环境任何人，保持积极。

●说出去的话一定有把握。

●对自己说的话负责，不夸大其词、不捏造事实。

●向自己的熟悉的方向转移话题。

●俗称"带节奏"，主导谈话进程。可以在自己谈完一个问题后主动提起下一个话题，或是在谈话中积极地对老师说的话进行复述、联想、提问。

3.5 奖学金

3.5.1 美国研究生奖学金分类

下面给留学美国的同学，介绍一下可以尝试的 4 种赚钱途径。其中 TA（Teaching Assistantship）、RA（Research Assistantship）的申请较为灵活，既可以锻炼你的能力，也可以获得一定的收入。

1. Fellowship（助学金）

全奖。不需要工作，金额高，竞争激烈，基本只提供给本州的学生，即使是美国学生，也不一定有机会拿到。在各种奖学金中，fellowship 的机会比较少。

2. Scholarship（奖学金）

普遍意义上的奖学金。一个学生可以申请多个 scholarship，金额比 fellowship 少，但获得的概率大。

3. Tuition-Waiver（学费全免）

不需要工作，一定数额 / 学杂费全免。难度仅次于 fellowship。

以上三种不需要工作。

4. Teaching Assistantship（助教）/Research Assistantship（助研）

博士生获得奖学金的机会远远高于硕士生。因为硕士学时段，美国本土学生不少都处于边兼职边读书的状态。而博士生一般要在学校实验室服务，做研究，培养年限基本在 5 年到 6 年左右。所以依赖奖学金留学的学生，只能选择申请读博士项目（本科毕业也可以直接申请读博士项目）。

5. Tuition–Waiver（学费减免）

常见于美国公立院校，通常可节省 1/2 ~ 2/3 的学费，部分私立学校也有。

3.5.2　RA 和 TA

RA 更受学生欢迎，因为 TA 主要负责教学过程中的琐事，而 RA 主要负责科研工作。所以，要想拿到 RA 的工作，在通过正常渠道申请的同时，还要和感兴趣的教授"套磁"，这非常重要。有的教授要等你被录取后才会考虑给你 RA，所以一定要和系里多联系，查看你申请的当前状态，注意备齐所有的材料。

TA 的机会则更多。你所在大学的职业发展办公室一定能够引导你进入一个正确的方向，依据申请实习补助的情况给你发放补助，有许多助学金和奖学金是为从事无偿实习的学生专门设立的。不论是在美国还是其他国家，都会有其他补助来资助无偿的暑期实习，但是一定要早点查找那些机会。虽然在留学中初期，这些机会看起来很困难申请，但其实开学时类似的职位空缺是很多的。很多同学在第一个学期都是应系里要求去做 TA，简单说来就是带本科生或者低年级的研究生的实验课。不只是工科，理科也有。还有一种就是帮助老师批改作业，跟国内研究生做的事情差不多，不同的就是：你需要用英语给他们讲实验，因此这对你在公共场合讲话的能力有一定的要求。

大多数同学都是从国内直接到美国求学，一想到第一个学期就要以一个"老外"的身份给本地人讲课，心里会发怵。在课堂上会有各种突发状况，比如会有学生提问，学生有时候会提出稀奇古怪的问题，非常考验你的听力、口语和应变能力。

给研究生的小贴士（授课型、研究型两者都适用）：

同学们在选择做 TA 的时候，需要找导师和院系相关负责老师咨询意见和建议，但是他们的意见只能参考。如果有些课自己不擅长，或者对你的研究和工作没有帮助，可以选择一些你觉得更好的课程代替。当然有些 TA 是限制在某些课程范围内的，这种就没有办法了，但是最好也多咨询一下同校的高年级同学。

对于毕业找工作的 TB 的同学，在和导师确定研究项目的时候，最好能找一些和公司直接合作的项目。如果可以，最好能通过导师进入到公司中。这对毕业后找工作是非常有好处的。

考虑到 TA 和 RA 的工作职责，申请者也相应地需要具备职位所需要的能力。一般来说，院系在筛选 TA 时更加看重 TOEFL 口语分数，一般来说在 25 分以上为宜。而 RA 的筛选则更加侧重在申请者过往科研经历的审核。

3.5.3 带薪实习

根据美国政府的规定，外国留学生在校内可以自由打工，不需要申办特别许可，但要注册维持全日制学生（Full-time Student）的身份。在学期中每周的工作时间一般限制在 20 小时，在假期时则可达 40 小时。如果想到校外打工，则需申办特别工作许可。

在美国留学期间打工、实习，必须了解和遵守美国政府有关外国留学生打工的法律规定。具体规定是："持有合法学生身份，入学一年（9 个月以上），成绩达一般标准者，经学校国际学生顾问批准，即可到移民局或劳工部认可的公司打工。"

1. 什么是 CPT

CPT 全称为 Curricular Practical Training （课程实习训练），是允许学生在校外合法打工的许可，且工作领域必须和学习专业相关。CPT 对于完成学位（课程目录中有相关规定）或授予学分来说是必需的工作经历。CPT 是有工资的，前提是得到国际学生办公室（OIS）的同意和美国公民及移民服务局（USCIS）的批准。

2. 申请 CPT 需要什么条件

已经完成第一学年的学习，且学生签证的 F-1 是有效的。也就是说 CPT 最早开始的时间必须在第一学年结束后，注意这里指的是一学年，而非一年，即两个学期结束后（通常为 9 个月）。

实习工作的内容必须与在校所学专业及领域相关。例如，学习历史的同学不可以申请建筑设计公司的工作，除非该公司有专门研究建筑史的职位。关于如何查到打工内容是否和专业相关，同学在找工作时查看职位说明便一目了然。

实习时间必须在学位项目介绍前，也就是说，需要在第一学年结束后，同时又要在毕业前。

3. CPT 的种类

（1）根据性质分类

必需类：对于部分专业，CPT 实习本身就是所学项目的一部分，通常学校会对实习项目进行分配。所以在这种情况下，不论该 CPT 是否可以兑换学分，都是必须完成的，没有完成是无法完成项目和毕业的。

非必需类：对于大多数专业，CPT 实习不是项目和毕业规定中所必需的。在这种情况下，同学们可以利用 CPT 兑换学分，但前提是必须完成 CPT 对应的课程，否则会像挂科一样影响毕业。

（2）根据工作时长分类

兼职 CPT：每周工作时长不超过 20 小时。

全职 CPT：每周工作时长超过 20 小时。

通常来讲，暑期实习使用全职 CPT，春秋季学期期间的实习使用兼职 CPT。

4. CPT 的申请办法

申请机构：学校的国际学生办公室（ISSO）。

所需材料：最新的 I–20、护照、I–94、录取通知书（须注明实习地点、时间、岗位描述、是否带薪）。

处理时间：1 ~ 2 周。

对于授课型和研究型的同学，如果时间允许，最好能找一个公司去实习。在校生需注意，学习期间只能承担兼职工作。寒暑假时可以承担全职工作。

CPT 对于 CB 的同学不是问题，因为课程可以延后再补修。这样的好处有两个：本来 3 个学期可以完成的课程，你延至 5 个学期或者更多的学期去完成，在毕业以后，会拿到三年的工作签证，而不是一年。一般的公司都喜欢招认识的人，如果你在那里实习过，在找工作的时候，如果那个公司还招人，基本上这个位置就是你的了。TB 的同学则需要和导师商量。出去找实习单位的时候，实际上是不需要导师额外给钱的，有的导师也能理解。实习的工资还是很丰厚的。像科技类企业，研究生的实习月工资差不多是 3000 ~ 5000 美元。

3.6　签证办理

3.6.1　美国留学签证材料准备

3.6.1.1　签证办理流程

J1 和 F1 签证的材料和流程类似，只是 J1 不需要 I–20 表格。

首次赴美的同学需要把握好时间，最好尽早办理签证（最早可以在项目开始前 120 天内面签，）由于理工科专业容易受到行政审核，延长获签时间（一般需要 4 ~ 8 周。）具体需要的材料如下。

1. 获取 I–20 表格

I–20 表格是赴美读书的同学在入学和签证时必备的文件，含有项目时长、资金、专业信息、SEVIS ID 和学校相关信息，用于申请赴美学生签证，证明申请者的学生身份、入学资格以及学生合法工作的资格。接受心仪院校的 offer 之后学校会发送办理 I–20 表格的指导邮件，按照流程办理即可。需要的文件一般需要护照个人信息页和资金文件。

2. 准备签证照片

申请人照片为近期六个月内所拍摄，正面免冠证件照片。尺寸为 2 英寸 ×2 英寸（大约 50 mm × 50 mm）正方形，头像居于照片正中。白底彩色照片，无边框。同学们可以到照相馆要求美签照片。

3. 在线填写 DS–160 表格

网址：https://ceac.state.gov/GenNIV/

DS–160 主要是关于个人信息、家庭信息和学校信息，大家如实填写即可。详解填表指南也可以在百度上搜索。

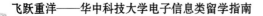

4. 注意事项

创建新的申请之后，保存好 AA 号码和密保问题，并填写好个人信息的部分，之后才打开已保存的申请，否则只能重新打开一个新的申请。

填写中国电话号码前需加国家码（86）。

研究生学校相关信息需要根据 DS-160 填写，美国联系人选择 School Official，电话和邮箱可以在学校官网上搜索。

提交表格之后请务必保存表格电子版和 DS-160 确认页。DS-160 确认页需要打印纸质版带去面签。

3.6.1.2 预约签证

1. 注册

网址：https://cgifederal.secure.force.com/SiteRegister?country=China&language=zh_CN

按照流程注册填写即可。需要注意的是，如果以前去过美国，一定注册过约签系统，需要找回之前的账号密码（如果自己无法找回，可致电大使馆寻求工作人员的帮助）。

预约过程中需要缴纳 160 美金的签证费。

2. 缴费

缴费网址：http://ustraveldocs.com/cn_zh/cn-niv-paymentinfo.asp

可以选择支付宝缴费。

完成缴费之后可以继续约签，在选择面签时间之前，请同学们结合自己的材料准备进度，预留充足的时间来准备签证材料。确定面签时间之后，请保存预约确认页并打印，面签需要带到使馆。

3. 缴纳 SEVIS 费

网址：https://www.fmjfee.com/i901fee/index.jsp

SEVIS 全称是 Student and Exchange Visitor Information System，即学生与交流访问学生信息管理系统，负责储存并报告 F、J、M 非移民信息。费用是 350 美金，交给美国国土安全局，需要使用信用卡在线支付。完成支付之后需要保存好收据，打印下来带去面签。

3.6.1.3　面签流程

1. 签证材料清单

美国签证申请文件准备清单如表 3-1 所示。

表 3-1　美国签证申请文件准备清单

序号	文件名称	文件描述
1	I-20 表格	最终确定的美国学校寄来的 I-20 表格原件，需申请人签字
2	DS-160 确认页打印件（2 页）	需在打印件填好相关的中文信息。相关要求请参考网站 https://ceac.state.gov/GENNIV/Default.aspx（填写 DS-160 表格需提前准备近 6 个月内的电子照片。照片规格：51 mm×51 mm，白底彩照，不能佩戴眼镜。建议准备 1 ~ 2 张纸质照片。）
3	有效护照原件，身份证	有效期至少 6 个月，有一张空白页
4	I-901 SEVIS 收据	200 美金。SEVIS I-901 fee processing website:https://www.fmjfee.com 需要用信用卡在网上提交，并打印 1 张收据。此费用必须至少在面签之前 3 天缴纳。原则上收到 I-20 就可以缴纳了
5	签证预约确认页	http://www.ustraveldocs.com/cn_zh/index.html?firstTime=No 签证预约网站，预约过程中支付签证申请费之后选择面签时间。面签预约确认页请打印或者 PDF 保存用于打印
6	入学通知书	原件（如果学校邮寄了原件）或者打印件
7	奖学金证明（如果有）	原件（如果学校邮寄了原件）或者打印件
8	大学在读证明/毕业证学位证（如已毕业）	盖章的中英文在读证明或者毕业证学位证（如已毕业）
9	大学成绩单	盖章的大学成绩单（中英文），不需要密封
10	英语成绩单原件或网络打印件	TOEFL、IELTS、GRE、GMAT
11	英文简历（CV）	提供申请阶段使用的简历即可
12	导师简历（CV）	就读 Ph.D. 的学生必须准备一份导师简历。强烈建议就读理工科硕士的学生准备一份自己意向的导师简历备用

续表

序号	文件名称	文件描述
13	学术奖项，课程活动，社会活动以及其他任何活动的书面证明、照片或奖状（如果有）	可选择对签证有利的文件，可带可不带
14	学生的各项出版物或论文（如果有）	可带可不带
15	银行存款证明原件，或存单和存折原件	如果申请I-20使用的银行存款证明没有过期，依然可以延用，无须重新开具；如果过期，可以续存，存款证明的到期日需覆盖签证的时间
16	父母在职与收入证明原件	请提供加盖公章的中英文父母收入证明
17	家庭资产证明原件	房产证、行车证、公司营业执照副本等
18	全家福照片（如有）	近期与父母的合照，可带可不带
19	户口本原件	如学生的户口与父母不在一起，需提供合理的证明文件，如出生证、独生子女证
20	学习计划 Study Plan	具体内容包含本科背景，选择专业的原因，读研的原因，选择美国和目标院校的原因以及毕业后的打算（回国在哪个地区就业，从事专业相关工作）

签证材料主要分为两大类，必备材料和辅助性材料。以上表格中，1～5项是必备材料，面签务必带齐，缺少任何一项，当天无法面签。

其他材料为辅助性材料，又分三类：

●学习能力相关，证明申请者有能力完成研究生学业。

●家庭资金能力，证明申请者有能力支付研究生学习期间的学费、生活费等支出。

●归国约束力，证明申请者没有移民倾向，完成学业之后会回国。

辅助性材料建议准备齐全，可以增加过签的机会。

2.常见签证问题

美国的F-1签证是非移民签证，因此整个面签过程中需证明自己赴美的唯一目的就是读书，完成硕士的学业。对应签证材料，签证官主要考察三个方面：学习能力、资金能力和归国约束力。面签过程中会问到的问题主要包含以下几个方面：

（1）过去的学习、工作经验：如实回答即可。

（2）选择美国、目标学校和所学专业的原因：可以从教育水平、学术氛围、可用资源等方面强调美国的优势，也可以突出学校在自己所学专业方面的特点。不建议从生活节奏、周边环境等角度作答，以免造成关于移民倾向的误解。

（3）对所学专业的了解程度：面签前需要详细了解所学专业和录取项目的信息，包括课程设置、毕业流程（论文答辩或考试毕业），自己所有专业或者导师最近的研究课题等。如果涉及敏感研究的经历，请略去。

（4）未来规划：虽然很多同学有留美的想法，但在面签时需要表明毕业后一定会回国，因为放不下父母亲友、想要回家发展、需要继承家业等让签证官相信自己没有移民倾向。

3. 面签过程

面签前尽量不要染发，当天不化浓妆，穿着得体（正常的学生打扮）。

提前于预约的面谈时间至少30分钟到大使馆，可能需要排队，迟到超过30分钟当天无法面签。

接受安全检查。除面签需要的材料之外，其他物品一律不得带入使馆，包括手机、手表等电子产品，背包、食品等其他物品。

录入食指指纹，然后等待面谈。

4. 签证结果

（1）通过

如果所有过程顺利，签证官最后会收走护照，返还其他材料。请收好剩余材料妥善保存。一般会在一周左右收到出签的护照。

（2）行政审核

审核的对象大多为理工科学生，尤其是敏感专业的理工科学生。一般审核的时间是 4 ~ 8 周，但也可能更长。签证官会收走护照，也可能收走其他材料（如个人简历、学习计划、导师简历等）。被 Check 只能等待使馆的通知，期间可以在网上查询申请状态（https://ceac.state.gov/CEACStatTracker/Status.aspx）。如果行政审核时间过长导致错过了入学时间，需要及时和学校沟通，协商相应措施（延期入学等）。

（3）拒签

收好返还的所有材料，根据面谈情况分析拒签原因，准备下一次面签。

5. 敏感专业

美国政府的官方说明文件中列出的敏感专业包含：常规弹药领域专业、核技术专业、导弹专业、飞机与导弹的推进系统和车载系统专业、导弹导航和制导控制专业、化学与生物工程专业、远程拍摄和侦查专业、高级电脑/微电子技术专业、材料科技专业、信息安全专业、激光和定校系统技术、传感器和传感技术、海洋技术、机器人技术、土木工程。

容易被拒的专业：生物技术，人工智能和机器学习技术，定位、导航和定时技术，微处理器技术，先进计算技术，数据分析技术，量子信息和传感技术，物流技术，增材制造，机器人，脑机接口，高超音速空气动力学，先进材料，先进监控技术等。

6. 注意事项

●在 Study Plan 和 CV 中尽量避开 control, security, nuclear, aerospace 等明显涉及军工等领域的项目，尽量写不太敏感的研究项目。

●面签时回答要流利自如，不要机械背诵事先准备好的答案。"自信、真实、合理、具体"是面签的原则。

●带齐材料。

●谈到专业知识时要避免过于专业的词汇，说得通俗易懂并举出一些本专业实用的例子。

●面签之后收好返还的所有材料。

3.6.2 英国留学需要准备的签证材料

3.6.2.1 签证办理流程

1. 官网参考链接

（1）https://www.gov.uk/government/publications/apply-for-a-uk-visa-in-china/--2

（2）https://www.gov.uk/government/publications/apply-for-a-uk-visa-in-china/5138592

2. 具体步骤

（1）登录签证官网（选择 General Student）

https://visas-immigration.service.gov.uk/apply-visa-type/tier4

（2）选择递签城市

具体可选城市可参照：https://visa.vfsglobal.com/cn/zh/vacs

（3）注册账号（选 GENERAL）

（4）按步骤填写相关个人信息（包含姓名、CAS、护照号码、学历背景等，按步骤如实填写就行）

（5）填写完表格以后，预约递签时间

（6）带齐所有递签材料（原件＋复印件，同时所有中文材料都必须有英文翻译）

CHECKLIST（所有申请学校的材料）

●网申表格

●付款证明

●肺结核检测报告

●护照原件和复印件（2 份）

●保险购买

（7）递签材料

要 提 供 的 材 料：https://www.gov.uk/student-visa/documents-you-must-provide

若申请 Tier4 签证，根据规定，持 Tier4 签证的学生最早入境英国的时间是开课前 1 个月，而最早申请签证的时间是开课前 3 个月，根据签证办理时间流程。需要提醒大家的是，最好提前 1 个月开始申请。

Tier4 签证的申请需根据英国签证和移民局官网规定准备申请材料，申请材料清单如下：

●在线签证申请表格即材料清单打印版；

●护照（至少 6 个月有效期，如有旧护照，也需要提交）；

●CAS 邮件打印版；

●肺结核检测证明（申请 6 或 10 周语言课的签证则不需要递交此项）；

●ATAS 学术技术审核证书；

●未满 18 周岁的学生需要提供父母或法定监护人同意函，以及关系证明。

根据英国内政部规定，从 2018 年 7 月 6 日起，中国留学生在申请英国 Tier4 学生签证时将不再需要提交资金证明、学历证明以及英语能力证明，但签证时不需要递交这些材料并不代表申请人可以不满足这些条件。

（8）等待签证（一般为 4 周）

3.6.2.2　落地注册

所有到英国读书的中国留学生（年龄超过 16 岁的），只要在英国居住超过 6 个月，都会被要求在到达英国后 7 天内去英国警局注册。对于初到英国的留学生，有的学校会为国际学生统一安排注册时间，有警察到学校来收集学生的资料；但如果你的学校不统一学生注册的话，就需要自己询问学校相关部门注册地址，自行前往注册，需要注意的是，并不是所在地区所有的警局都会有这个服务。

警局注册所需材料：

● 34 英镑注册费（不接受刷卡和转账，必须是现金）；

● 护照原件；

● 填好的申请表（有些地方不需要申请表，以当地警察局要求为准）；

● 两张护照大小 (45 mm × 35 mm) 的彩色照片，需要贴到申请表上；

● 英国签证原件（纸质或者 Biometric Residence Permit 签证卡）；

● Home Office 要求你去警察局注册的信件原件（2015 年 4 月起，大部分签证卡不再显示你是否需要注册警察局，而是单独发一封信）。

注册完毕后，警察局会给你一张 A4 大的粉色纸，这个纸上有你的姓名、年龄、国籍、照片和地址等信息，如果弄丢了，在补办的时候还需要另交 34 镑，并且重新提交上述材料，所以大家要小心保管，平时出门不需要放在身上，这张纸在续签英国签证的时候是需要出示的，平时也可以当作 Proof of Address （住址证明）或者 Proof of Identity （身份证明）。每个地方注册需要的材料可能会有所不同，具体的大家需要查看自己地区警察局的要求，然后带好相应的材料。

3.6.2.3 GP 医生注册

除了注册警局之外，还有一个相当重要的注册是需要留学生在抵达英国后尽快办理的，那就是 GP（医生）注册。

在英国看病的流程和国内不同，一般的病症需要到社区门诊先预约再看病，而不是直接去医院（除紧急情况外），在英国看诊是免费的，这源于留学生在申请签证时支付的医疗保险。但建议每个人抵达英国后都应尽快和你居住地的 General Practitioner（简称 GP）进行注册，因为在没有注册的情况下是不能预约医生的。

一般来说，新生到学校报到时会同时安排 GP 注册，但如果你的学校不帮你注册，你就需要到你居住地区的 GP 注册。每个 GP 有不同的管辖地区，可根据你居住的邮编进行查询。

注册 GP 不需要提前预约，带上你的英国住址证明去现场填写申请表就可以。注册好后，GP 会寄一个迎新礼包（Welcome Pack）附加详细的门诊信息及你的医疗卡到你的住址。

在英国看病需要提前电话预约，现在许多 GP 都支持网上预约和咨询。在预约时需要提供你的生日和姓名，有的 GP 提供紧急门诊（Walk-in service），还有一些 NHS 下属的 Walk-in Centres，可以不需要预约直接前往。但如果是危及生命的急病，请直接前往医院的急症室（Accident & Emergency），或拨打 999 叫救护车。

3.6.2.4 申请注意事项

1.肺结核检查需要与使馆授权的肺结核检测诊所进行预约（在 Home Office 官网可查询到国内各地有开 TB 证明资格的诊所，具体请参考英国政府官方网页 https://www.gov.uk/tb-test-visa / overview）。

2. 为方便扫描并避免延长在签证申请中心的等待时间，以上提到的所有纸质版材料需为 A4 尺寸，请将所有非 A4 尺寸的文件使用 A4 尺寸的纸张进行复印，也包括申请人提交的护照页面。

3. 建议大家在办理存款证明时，需要在支付签证申请费之前至少 28 天将符合要求的资金存入账户，并且保持资金在整个签证申请留程内不动。

4. 根据规定，2015 年 4 月 15 日开始，英国向申请赴英 6 个月或更长时间的中国公民实施生物信息卡（BRP）政策。原先显示完整赴英停留期限的签证被有效期为 1 个月的临时签证和生物信息卡（BRP）替代。生物信息卡相当于在英国境内的身份证明，是持卡者在英国工作、学习和使用公共服务的凭证。申请人需要持该临时签证前往英国并在抵英 10 天内前往指定邮局或学校部门领取生物信息卡。请务必在签证申请表中提供准确的英国邮编以及赴英日期。

如申请人 CAS 上的课程时间少于 6 个月则不需要领取生物信息卡，签证有效期应一直到 CAS 上的课程结束日额外加 7 天（语言课课程除外，语言课程加 1 个月）。

5. 英国政府规定，自 2015 年 4 月 6 日开始，所有来英国工作、学习或探亲并在英国停留超过 6 个月的飞欧洲经济区公民都需要支付医疗附加费，以获得英国国家医疗服务（National Health Service，简称 NHS），也就是免费在英国看病的福利。学生签证为每年 150 英镑，需要申请签证时一次性付清。

完成以上准备之后，签证申请人需要携带以上所有申请材料及缴费证明，在约定递签日期前往签证申请中心，提交申请材料并且录入生物识别信息（录入指纹）。完成之后，就可以回家等待签证了。一般情况下，普通申请签证所需时间为 15 个工作日，英速签服务为 3 ~ 5 个工作日，24 小时超级优先服务为 1 个工作日，申请人可以根据需要自行选择。

3.6.2.5　其他材料

● 本科毕业证

● 本科学位证

● 个人陈述

● 推荐信

● 个人简历

● 雅思成绩（最低 6.5)

● 护照

● 在职证明（如已入职）

● 获得奖项（如有）

● 实习证明（如有）

● 其他经历证明（如有）

英国大学看重本科院校排名，211/985 大学的毕业生申请时相对容易。在申请研究生的时候，尤其是需要申请排名靠前的大学的同学，如果是 985/211 类院校毕业的，基本不用额外考虑院校 LIST 的问题。

3.6.3　新加坡留学签证申请材料

3.6.3.1　申请步骤

申请新加坡留学签证的大致步骤如下：

1. 拿到新加坡学校 Offer；

2. 向新加坡移民与关卡局（ICA）提交学生签证申请；

3. 申请获批后，ICA 向学生出具批准函［In-Principle Approval（IPA）Letter］；

4. 学生凭借 IPA 和护照入境新加坡，并向 ICA 预约（网上）换取学生签证；

5. 获得学生签证。

很多新加坡大学在给学生发送 Offer 后，都会协助学生完成第 1 ～ 第 3 步骤的工作，学生只需凭借拿到的 IPA 完成之后的两个步骤就能顺利拿到签证。

（1）登录 ICA 官网 https://www.ica.gov.sg/，点击 "e-Services and Forms" 栏目，选择 "Student's Pass"。

（2）选择学生通道。

（3）输入学校给你的 "SOLAR Application No."，登录。

（4）点击填写 "e-Form 16"。

（5）所有信息填写完毕后，你需要支付 30 新元作为申请费。IPA 的申请一般 5 ～ 10 个工作日即可获批，请注意查看信息。

学生准证获批后，ICA 会出具 In-Principle Approval (IPA) Letter 给学生，学生用 IPA 和护照入境新加坡。IPA Letter 并不是学生准证，只能用于首次入境新加坡，不能重复用 IPA Letter 入境。

3.6.3.2　学生准证

学生抵达新加坡后，需带齐相关材料，预约到 ICA 换取 "学生准证（Student's Pass）"。这个学生准证是多次往返的长期居留证。凭这个学生准证，申请者可以在新加坡留学期间自由出入新加坡并且不需要另外的签证。

1. SOLAR System 网络申请需要准备的信息

●Solar Application No.（NTU：Package 里面有 NUS）

●分辨率为 400×514 的白底证件照，大小 <60K

● Visa or MasterCard 一张（付申请费）

小贴士：出现系统崩溃是正常的，不用慌张，关掉重新进入即可。

2. 申请步骤

登录新加坡移民和检查站管理局（Immigration & Checkpoints Authority of Singapore），并切换到"Student's Pass"界面；

点"e-Services"里面的"SOLAR（For Polytechnics & Universities）"；

进入后点"Student"选择学生通道；

进入登录界面，填写学校给到的相关信息进行登录；

点击填写"e-Form 16"Application of Student Pass Through SOLAR System;

填写后点"Submit"，然后上传照片即可。关掉浏览器，按照第 4 步重新登录，点击刚才所提到的第四项付款即可，付款需按照一个 java 程序。最后查看状态和打印 e-Form16。

3. 材料清单

● IPA letter

● Passport 原件及复印件

● 3 个月内照的护照规格照片（白底，哑光或者半哑光）

● e -Form16 打印并手写签字

● 体检报告（NTU 要求必须在学校校医室体检，NUS 可选择国内或在坡体检）

● Payment receipts (60Issuance Fee +30 新币 Multiple Journey Fee , SOLAR 支付并打印）

● 签字版的学生准证条款（即 STP 条款）

IPA Approve（状态可在 SOLAR 系统查看）以后会多出来一个 pay issuance fee 的链接，在去办正式的 Student's Pass 之前是要交这个钱的，一共 90 新币。付完费后记得打印收据，换取 Student's Pass 的时候需要提交。

IPA 申请一般 5 ~ 10 个工作日可获批。7 ~ 8 月签证比较多的月份会稍有延迟。不能晚于开学前一个月申请，最早可提前两个月申请。

3.6.3.3　注意事项

1. ICA 的签证官非常重视学生的留学计划。"你对自身的留学计划有足够的认识吗？你的留学计划合乎常规逻辑吗？"只要其中一点表述不清，签证官就会认为你的留学态度不认真，留学目的不明确。

2. 不要表露移民倾向。"为什么选择新加坡留学？学校的课程跟未来的人生计划有什么关系？"当面对这些问题时，你需要给出有说服力的回答，让面试官知道你的留学计划，而非移民计划。有时，父母出入境新加坡的记录也会被认为有移民倾向，这一点也应该尽量规避。

3. 提交的银行存款公证书，需证明存款超过 16 万元人民币，且存款时间从申请办理当天往后推算至少为 6 个月。但存款证明金额也不宜过高，否则就需证明这些资金不是临时筹备的。

3.7　行前准备

3.7.1　美国篇

3.7.1.1　资金

1. 携带金额

（1）全奖

奖学金的发放一般需要一段时间缓冲。租房、办手机卡等都需要押金。另外，刚到美国，必定需要购置一些生活用品以及支付自己吃食方面的费用。同时，也有部分学校需要全奖的学生缴纳学杂费或者部分学费，也有可能需要购买学校医疗保险。因此，建议准备一定现金，另外也可以携带一张用于境外取现的储蓄卡，以备不时之需。当然，不同州或者不同城市的消费水平和学费政策也会有所差异，同学们可以在行前联系同校的学长学姐询问确认。

（2）自费

自费的学生在迎新会（Orientation）期间（美国大部分学校）需要缴纳自己的学费以及医疗保险费用，也有部分学校需要在到校之前完成学费缴纳，具体根据学校的要求来完成。一般，同学们在申请 I-20 阶段是可以知道大概一年的预估费用是多少，所以可以按照学校预估费用准备自己的留学费用。当然，随身携带的现金，还是建议准备 500 ～ 1000 美金即可，美国现在大多是刷卡消费，携带过多现金反而不安全。

2. 携带方法

（1）现金

大部分银行都有外汇兑换业务，直接携带身份证办理，不过大额现金兑换需要提前预约，建议预留出足够时间准备。现金不宜过多，根据自己的情况决定。

（2）国际信用卡

这部分参考第四章。

（3）旅行支票

旅行支票是一种定额本票，其作用是专供旅客购买和支付旅途费用。它的特点是旅行支票没有指定的付款地点和银行，一般也不受日期限制，可以全世界通用。客户可以随时在国外各大银行、国际酒店、餐厅等其他消费场所兑换现金直接使用，安全可靠，兑换方便。在中国银行可以办理美国运通（American Express）旅行支票。具体购买要求和流程可以参考中国银行相关网页：

http://www.bankofchina.com/pbservice/pb4/200806/t20080626_763.html?ke
ywords=%C2%C3%D0%D0%D6%A7%C6%B1

3. 注意事项

●不能携带超过 5000 美金的现金离境，否则需要在美国海关处填写额
外的申报表。

●兑换美金时注意多换一些零钱，比如说 10 元、20 元等。注意，美
国有些地方并不接受 100 纸币，所以不建议携带面额过大的现金。

●现钞分开放，降低风险。现金尽量随身携带，可以放在不同的地方，
避免出现丢失的情况。

3.7.1.2　机票

留学美国需要订购机票，建议学生获得签证之后再购买机票，因为国
际航班学生票无法退签和改签，签证下来了之后再购买可以避免不必要的
经济损失。赴美国际机票一般需在临行前至少两周预订，特殊情况如签证
过晚，可提前一周预订。

注意：

●购买学生票需要 I–20 扫描件。请提前准备好。

●乘坐飞机抵美日期不得早于开学日期 30 天。

此外，以下是一些购票攻略：

●美国硕士留学机票预定避开出行的高峰期。

●周二，周三及周四一般不是人们出行的高峰期，这就意味着这几天
的票价会低于其他时间。由于很多旅客不愿在天不亮就到达机场，航空公
司会在这个时间段推出税价减免的航班。由于其他航班延迟和机械方面的
问题，旅客们登记时间较早的话，也会避免航班超员或航班延误。

●美国硕士留学机票预定尽量不要在美国国内中转。

●美国国土安全部和出入境管理局规定，所有旅客必须在进入美国的第一站提出托运行李，入关。这个过程耗时很长，甚至有可能耽误你的联程航班。

●如果必须中转，建议在东京或者首尔中转，这是中国学生的首选中转站。

●尽量不要在加拿大中转，因为加拿大除了渥太华中转不需要签证以外，经由多伦多、温哥华等城市中转一般都需要提前办理签证。

●美国硕士留学机票转机给自己留出至少一个半小时。

●如果必须在美国国内转机，给自己留出至少两个半小时。美国航空起飞前 30 分钟关闭值机，而入关申报、安检、托运会耽误很多时间，最多的时间会耽误在入关申报。

●每个航空公司的行李费用都不一样，大多数航空公司都会收费，而且价格不低。登机之前检查好行李。去美国读硕士收拾行李的时候不是很重要的就不要带上飞机了。尽量精简自己的行李，避免额外收费，避免行李尺寸超标，重量超重。

1. 航空公司

（1）几大航空联盟

目前国际航班有三大联盟。

星空联盟（Star Alliance）：主要包括美国联合航空，韩亚航空，全日空，新加坡航空，中国国际航空，加拿大航空等；

天合联盟（Sky Team）：主要包括大韩航空，南方航空，东方航空，厦门航空，达美航空，法国航空，荷兰皇家航空等；

寰宇一家（One World）：主要包括美国航空，英国航空，国泰航空，国泰港龙航空，日本航空，卡塔尔航空，澳洲航空，芬兰航空等。

　　各个联盟在其市场上各有优势，星空航空主要占据着亚、欧和南美市场，天合联盟主要在北美地区以及大中华地区"称霸"，而寰宇联盟则在大西洋地区拥有相当优势。

　　除了这次三大联盟，还有一些其他不在联盟中的航空公司，例如阿联酋航空，阿提哈德航空，维珍航空和阿拉斯加航空等。

　　（2）航空公司的选择

　　国航航班主要飞大城市（纽约、旧金山、洛杉矶等），价格教便宜，但是航线少，适合学校在大城市的同学。美联航航班较多，但是价格较贵，不过经常有打折的限量学生票。韩亚航空和大韩航空均需在首尔 / 仁川转机，但是票价比较便宜，适合学校在东西两岸的同学选择。全日空航空的服务最好，但是大多数票价贵，航班时间不太好。美航，达美适合中部的学校，例如达美有北京 / 上海—底特律的直达航班。国泰机票相对便宜，但是需要在香港转机。

　　在每个联盟中都可以考虑参加常旅客计划（Frequently Flyer Program，即 FFP）。在航空公司网站上申请账号得到会员号码，之后订票输入号码就可以进行里程积累，累积到一定量可以兑换相应价值的机票，且同一个联盟里所有航空公司的航班里程都可以相互累积。但是建议星空联盟选美联航，天合联盟选达美，寰宇一家选美国航空。相比于亚洲的航空公司，欧美的航空公司低折扣舱位折算率较高，外国航空公司里程折算也更高，总体来说更划算。具体里程累积方案可以参考各个航空公司官网。此外，达美和荷兰皇家航空的共享计划很方便去欧洲旅游，美航的淡季打折机票去欧洲或南美很划算。

　　2. 如何订票

　　（1）航空公司官网

　　官网订票最安全快捷，但是一般来说折扣较少，更新速度较慢。

超全美国订机票网站：http://nc.xdf.cn/lx/lxdt/201803/078399495_all.html

（2）第三方网站

现在国内有很多第三方网站可以用于查询和订票，例如天巡、去哪儿、携程、飞猪等，可以用他们的价格作为参考然后去官网订票。有时携程网可以找到价格便宜的留学生票，但是这种票一般不退不改，购买要谨慎。

Student Universe 专为学生设计，注册时需要向网站提供 offer 或在读证明才能享受学生优惠。这家的学生票是可以退票或者改签的，但是会扣除一定的手续费。还有一些其他第三方机票购买平台，一般用得较多的有 Expedia、Priceline、Kayak 和 Igola 等。

（3）注意事项

航班时间：一般航班到达时间不要太晚，毕竟美国晚上不是很安全。

中转联盟：如果不得不中转，建议选择同一航空公司或者同一联盟的飞机，且所有中转机票通过同一个方式订购，不要分开。这样如果第一个航班晚点赶不上第二趟飞机时，航空公司会负责免费改签，保证乘客到达终点。

过境签：如果在国外转机，在订票时需提前查阅转机是否需要过境签。有的航空公司会以缺少过境签为由拒绝在出发地办理值机手续。

行李中转：出发前一定要向值机柜台询问中转站是否需要提取行李，最好在下飞机前再次询问空姐确认。一般联程机票行李会直接挂到票上的终点站，而如果是自己分段买的机票则需要在转机时提取行李重新办理登记手续。

机型选择：在选择机票的时候，可以关注执行飞机的机型和机龄。可以选择大一点的飞机，作为更宽敞、飞行更平稳，例如空中客车 A380、波音 747-8、波音 777 等，每行座位越少越舒适。

3. 机场—学校间交通

接机需要再出发前提前安排好。一般分为熟人接机和接机公司。大多数学校会提供第一次接机，或者联系认识的学长学姐及 CSSA（中国学生学者联谊会）志愿者也是靠谱的选择。如果没有熟人接机可以选择合适的机场巴士公司，例如 Super Shuttle, Go Airport 等。第三方网站 www.shuttlefare.com 上可以找到这几家比较大的公司。每个公司可能都有优惠码或者折扣，可以在网上直接搜 Supershuttle promotion code 找到优惠码，这些公司还可以用 FFP 码把每一次订车换成里程累积到航空公司的里程计划中。当然，现在也很流行 Uber，而且 Uber 也有很多分享折扣码，但是相对来说 Uber 需要更加注意安全。建议第一次去学校，可以选择学校的接机服务，比较安全，方便。

3.7.1.3　住宿

在美国留学有一个好的住所会让人心情舒畅，从而对生活和学习都非常有利，因此，尽早尽快熟悉环境，并且找到一个理想的住处是非常关键的。建议各位在出国前多了解一些有关住房方面的常识和租住房子的心得，这样选起房来就会做到心中有数。

1. 临时住宿

如果学生提前到达学校，并且暂时不能搬入学校的宿舍或是没有找到称心的房屋，一般可以有以下几种选择：

●酒店和民宿，当然这种选择可能是比较贵的，但是有些连锁的旅馆价格相对会比较低；

●其他还有 YMCA（基督教男青年会）、YWCA（基督教女青年会）、青年旅舍或国际之家；有些学校可能也会提供临时住宿服务；

●或者联系在校生，和他们暂时住在一起。但在做选择之前，最好事先向国际学生辅导员或是中国学生会的同学做进一步的咨询，以便找到一处最适合的临时住所。

2. 校内住宿

宿舍位置非常有限，一般提供给大一新生，环境较差，但是作息比较严格。

注：很多学院和大学提供单人间、双人间、三人间、套房等多种选择。宿舍内配备基本的生活设施，如果学生希望自己做饭，可以事先询问宿舍是否提供厨房。另外，每座宿舍楼可能有不同的规定，比如：有的宿舍楼被指定为"24小时安静"，以满足比较勤奋的学生的需要；有的宿舍楼对噪音的规定也许不是很严格，以满足比较爱热闹的学生的生活方式。因此，在搬进宿舍前最好弄清楚该楼的规定，以免产生误会。

需要注意的问题是，在美国假日期间一定要提前询问宿舍是否开放，以免出现宿舍关闭而无处落脚的情况发生。

收费：申请费200美元～500美元不等，申请结果是无法保证的，而且申请费无论何种情况不予退还。

校内一般比校外还要贵，租金1000美元或者更多。

申请校内住宿途径：入读学校官方网站查找on-campus housing网站申请；或者学校邮件发送关于校内住宿相关申请流程及申请截止时间。

3. 校外住宿

如果没有申请到学校宿舍或希望有更多独立的空间，学生也可以选择校外租房。校外租房要考虑到安全、交通、住房的花销以及是否舒适等几个方面。一般来说，距离学校近的房屋价格会高，离校远的房子价格会相对低些。但是如果选择离校远的房子要考虑到交通是否方便，最好的选择是住所在校车站点、公交车站或地铁站附近。同时还要考虑到通勤所需的时间和费用问题。在房屋价格方面，不仅要注意到房屋租金的多少，还要对煤气费、电费、电话费、交通费等需要额外支付的费用加以预算。其他诸如与他人相处、沟通以及自己的生活料理等问题也应列在考虑的范围内。

（1）校外住宿找房途径

●入读学校官方网站查找 off-campus housing 网站查看和选择。

●中国人圈子：可以加入学校的租房 QQ 群或者微信群，浏览对应中国学者联谊会 CSSA 网站，向学长学姐求共享房源信息。

（2）美国常用的租房网站

http://www.craigslist.org/about/sites Craigslist

Rent.com

http://www.apartments.com

各种新生群：建议开学前一段时间，同学们积极寻找加入同校新生群，对于找室友非常有帮助（寻找方式，各类论坛贴吧等）。

（3）校外租房注意事项

地理位置：交通便利，方便学习和生活。

环境及安全性：最好是能看到房子的真实图片，并且提前了解一下住宿公寓或小区的安保系统。

租金及押金相关：弄清楚租金是如何约定的，是否包含公共设施的费用，比如说水电燃气费等；押金金额是多少，押金退换的时限是多久，是否有附带条件。

室友：确定一起居住的室友身份，学生还是社会人士。

住宿是否配备家具：在美国，除了公寓和短租房以外，基本上是不配备家具的，但是一般的标准设施，比如说电冰箱、洗衣机都是有的。

合同签订：仔细阅读合同条款，注意细节：租房具体时间，房子具体位置，租住时长；与房东口头承诺的是否以文字形式体现在合同当中；熟悉房东与租客的义务，以免引起不必要的麻烦。

3.7.1.4　行李

1. 行李清单

建议物品清单：

●箱包：大型行李箱、打包带、随身背包。

●现金和证件：现金（包括零钱）、双币信用卡、汇票或银行账单 / 资金证明等；护照、机票、学校录取通知书原件、I20、SEVIS fee 收据、体检疫苗证、大学最终成绩单及毕业证学位证、医生处方等。

●书籍资料：课本、移动硬盘。

●日用品：日常衣服、一两套西装、备用眼镜、少量笔、飞机上用品（薄外套、眼罩耳塞、气垫枕头等）、指甲刀、挖耳勺、针线盒、体温计等。

●常备药物：感冒药、肠胃药、过敏药等。有些药品美国海关是禁止携带的，最好查询后再决定携带。

●给导师、友人的小礼物（例如茶叶、中国结、瓷器饰品等）。

●其他：电源转换插头、充电宝。

为确保行李安全不受损，最好选择牢固的行李箱。沉的、硬的、体积大的东西放箱底，空心的东西用袜子鞋子等填满，边角放软的东西。托运前可以用打包带把行李绑牢保护行李，有些机场提供付费行李塑封服务。另外，为了容易辨别行李，可以在行李上系上个人信息牌，写上本人姓名、电话、地址，避免出现行李错拿的情况。

2. 行李限额

每个航空公司的行李限额规定不同。出发前最好登录官网查询或者电话咨询乘坐航段内允许免费托运的及随身携带的行李数量、重量和大小要求。如果中间涉及转机切换航空公司，行李要求可能有变，所以在行前一定要提前了解清楚。如果有很多物品的同学，为了托运行李不超重，可以考虑提前寄一部分物品给自己。

另外，美国海关对携带物品的价值也有限制，超出限额需要缴纳关税，带之前最好查询清楚最新规定。

3. 包裹邮寄

如果需要携带很多书和衣服，那么托运容易超重，建议可以选择提前通过海运或者空运寄到认识的学长学姐那里。方法是直接在邮寄购买标准箱，填好收件信息即可，一般要 2 ~ 3 个月，具体价格可以参考中国邮政官网。由于箱子运输时间长，容易破损和受潮，可以在里面放樟脑球，并在箱子旁边垫上报纸或者用塑料袋包裹。

3.7.1.5　最终成绩单及两证

录取时学校要求最终成绩单有何要求？怎么办理？

大学四年最终版的成绩单（中英文盖章件），毕业证（中英文盖章件），学位证（中英文盖章件），并用盖好章的信封封口。

份数：建议 3 ~ 5 份。

有学校需要在开学前寄送的，按照学校要求的地址寄送。不做要求的学校，可以与学校协商是否能亲自带去。

注意：本科学校本身就能开具相关文件的英文版本，在离校前开具好就行了。

部分本科学校由于无法提供相关文件的官方英文版，需要学生及时提供完整的中文成绩单（绝大多数学校包括毕业设计），学位证以及毕业证，我们制作最终版本的英文版本。

3.7.1.6　出入境

国际长途飞行需要至少提前两个小时到达机场，预留时间过海关和安检。到达机场后，具体的出入境流程如下。

1. 出境流程

（1）领取登机牌和托运

可以直接携带护照到对应航空公司的值机柜台换去登机牌，或者通过网上值机 / 电子值机提前办理。一般柜台值机时可以按照个人座位喜好挑选靠窗或走廊的座位，电子值机也可以提前网上选座。工作人员会将登机牌、护照以及行李存根给乘客，注意保存好。

托运行李前应确定行李是否超重，如果超重可以取一部分行李随身携带或按超重部分索价。另外，可以在行李上做好容易辨别的标记便于提取。

（2）边防安检

一般此时需要准备的文件包括：护照和签证、登机牌。

安检时按照工作人员的要求（例如取出移动电源和电子产品、液体等）操作即可。

（3）登机

直接寻找登机牌上的机门号码牌，找到对应登机口。如果有多余的时间，可以在机场内逛一下免税店或者吃点东西，但是注意不要耽误了登机时间。休息时留意机场广播，有时会临时改变登机口或者登记时间。

登记时准备好登机牌和护照，根据工作人员指示按照座位位置分批登机。

2. 飞行途中

（1）舒适飞行

长途飞行容易疲劳，应尽可能让自己休息得最好。有以下小技巧：

●保持充足水分。多喝水、少饮酒和咖啡，长途飞行机舱环境干燥容易脱水。

●穿舒适、宽松的衣服和鞋子。避免穿紧身裤、高跟鞋、皮鞋。在飞机上还可以向空服人员要一次性拖鞋，放松脚部。

●带一件外套。飞机温度较低，可以准备厚一点的、方便穿脱的外套。

●颈枕和腰枕。可以携带专门的保护用品，但是如果怕麻烦，飞机上也有提供小枕头、毯子的。

●耳塞和眼罩。有助于飞机上保持睡眠。

●多活动，帮助血液流通。在飞机上久坐会导致水肿，严重的会导致血栓。如果坐在靠走廊的位置，不妨多起来活动活动；如果不方便起身，也尽量在座位上做些小动作，例如伸展脚趾、前后转动肩膀等。

●调整时差。可以调控自己的睡眠，尽快适应目的地的时间。

（2）饮食

飞机上的餐饮会有两三种选择，座位前屏幕菜单可以自行预定。在飞行途中如果饿了可以直接找空乘人员，通长会有多的食物（三明治、面包等）和饮品。只要是合理的，任何要求尽管跟空乘人员提。如果不喜欢飞机上的食物，可以携带一些小零食（糖果、蜜饯、面包等），但是一定要在下机入关前丢弃。

（3）填写海关申报表

飞机着陆前空乘人员会发放一张海关申报表，应仔细阅读相关要求，如实填写并填报所携带的物品价值和种类。注意只能写英文，有任何问题可以询问空乘人员。

3. 入境流程

（1）入境检查手续

旅客会被引导到入境检查室排队等候，注意不同的签证类型需要排在不同的队伍行列。当排到你时，将护照及海关申报表等文件递交给海关工作人员。按照惯例，会询问一些基本问题，比如说赴美目的、停留多久、携带了多少现金等。保持态度诚恳，礼貌诚实回答即可。注意：无论是持有 F-1 还是 J-1 签证，入境时护照的有效期必须比预定在美停留期限多出六个月以上。

（2）领取行李

按照要求领取自己的行李，清点行李数量。

（3）开箱检查

少部分人群在领取行李时可能会遇到要求开箱检查，这个时候不要慌张，按照工作人员指示完成检查即可。

（4）顺利通关

完成检查之后，顺利通关出机场或者转机。

3.7.1.7　Orientation

orientation 是什么？

orientation 也叫作迎新会，基本上所有的学校都会有这个环节甚至有很多学校是强制要求国际学生参加的。作为北美大学专门为新生入学时准备的一项活动，它旨在帮助学生更好地适应新的环境，熟悉校园，交到新的朋友。

通常来说orientation 和国内的开学典礼有些类似，但实用性要强很多，活动内容也更加丰富多样，时长一般为一周左右。在这项活动中，学校通常会向留学生介绍学校的历史、设施（院系，图书馆，餐厅）、疫苗、住宿、选课、入学测试以及其他一些注意事项。

参加 orientation 的时候一般需要带上学生的护照、录取信、I-20 等文件，具体以学校通知为准。

1. Orientation 参与方式

在学生被学校录取后，学校会主动发邮件提醒学生参加和注册orientation 活动。（Tips：即使录取后也需要常常查收申请邮箱和学校邮箱，确保不遗漏学校的重要邮件。邮件名称举例：International Student Orientation Reminder，Register for Orientation Today!）

国际生，所有的国际生，即使是在美国读本科的学生也是需要参与 orientation 的。所以只要国籍是中国的学生都是需要参加国际生办公室举办的 orientation。

2. Orientation 着装要求

在 orientation 中既有像看电影、联欢会这种非常休闲的活动，也有开学典礼、院长演讲、学术诚信会议等这种非常正式的项目。所以在着装上（Attire）学校也会给出要求。比如 Business Casual，建议参与的学生商务休闲，也就是半正式的服装；标注 Casual 的则没有具体的规定，可以穿自己休闲的衣服就可以。因此建议各位留学生在去美之前先准备好两三套半正式的服装来应对这样的场合要求。男生可以多准备衬衫西裤；女生可以准备裙子或者正式一点的上衣和裤子。

3. 重点活动

orientation 中有些活动是关系到日后上课、缴费、生活的重要事项，所以需要重点关注，千万不要错过。

（1）课程注册

第一学期课程注册通常会在 orientation 中进行（也有的需要在入读前在学生系统完成注册）。注册课程的流程、要求都会有专人的讲解和指导，方便学生顺利开始研究生学习第一步。

（2）语言考试 / 学术考试

有一部分学校会在 orientation 中举行语言测试 / 学术考试，再一次测试学生是否具备开始研究生学习的语言水平或者学术水平（学术方面比较常见的是测试数学能力、计算机能力、前提课程等等）。如若有水平不达标的情况，学校会根据测试结果安排学生参加语言课程或者多读几门前提课程，让学生顺利开启学期之旅，保证学生在学习过程中不被落下。

（3）学费缴纳介绍

学费是学生们非常关注的一个问题。通常学生财务服务（Student Financial Services）办公室会给学生们讲解账单（billing）、到期日期（due dates）、费用和付款（charges and payments）。每种付款计划（payment plan）的缴费特点、时间和截止都是不一样的。大家仔细倾听，结合自己的情况，选择最合适的缴费计划。

（4）其他信息

orientation 通常也会介绍到该院系或你所学项目（program）的情况，以及拿到学位需要达到的要求，有的时候还会教你选课，如何有规律地进行复习取得不错的成绩，为接下来的学习以及职业发展的计划提供宝贵的建议，同时也会有机会见到该学院的院长、系主任或是将来的导师。

最后提醒下，orientation 分为国际生办公室举办和项目举办两个类型，大家一定要注意哦。

3.7.1.8 学费缴纳

1. 学校缴纳学费时间

学生到校之后参加 orientation 的时候会有专门的顾问（advisor）给学生集中讲解如何缴纳各种费用。

学校可能在开学之前就提供了学费缴纳的信息及缴纳截止时间。（具体看学校邮件通知或学生账户系统）

注意：学生确认入读学校之后，切记一定要仔细查看学校邮件，关注后续学费缴纳、orientation、I-20 申请、体检疫苗等录取后续事宜。如邮件未告知，也可官网搜索查找 checklist for admitted student/Next steps for incoming students。

2.学费缴纳方式

方法一：信用卡缴纳。输入信用卡信息即可。大部分学校会收取部分手续费。

方法二：电汇缴纳。学校会给相应的账户及汇款信息。可以选择银行柜台汇款或其他在线缴费平台。

3.7.1.9　课程注册

对于初入美国的国际学生来说，选课是一个头疼问题。因为教育体制不同的问题，刚进入美国大学会无所适从，不知道课程怎么选会适合自己。一旦选择出现了问题，就可能面临着挂科或者无法毕业的情况。所以建议大家选课之前先和自己的学术导师沟通，选择适合自己并且难度适中的课程。

1.哪里选：学生账户系统

每个学生入读学校都会注册自己的学生账户，用于注册课程、缴纳学费、查看成绩、保险事宜等。一般部分学校在申请提交后会发邮件告知注册账户信息，有的学校会在录取信中告知，还有一些学校会在确认入读缴纳押金之后邮件告知注册账户。按照学校要求注册即可。

2.怎么选：尽早选课，避免错过火爆课程

美国研究生一学期也就选 2 ~ 3 门课，所以对于研究生期间的学习来说，课程的选择十分重要。要想保持高的 GPA，又学到自己感兴趣、有用的知识，那么选课肯定是重中之重了。但是选课系统里的课程简介，一般都比较含糊，有的是你之前学过的知识，让你觉得不太有必要。

所以，这两个方法就可以考虑一下了。第一，在参加 orientation 的时候，会有课程顾问（course advisor），可以向课程顾问咨询一下他们的建议。第二，可以到系办公室直接问授课教授或者向他们的助教询问 syllabus

（教学大纲），上面一般会有清晰的课程计划进度、课程目标、评分标准和书单。

有了这些，相信你可以选出最适合自己的课程。

3. 提前了解授课老师

因为研究生阶段不仅仅是系统地学习课本知识，在后期更要培养出自己对某个特定专业方向的研究兴趣，最好能找到教授，跟着做一些有价值的项目，这样对于今后就业或者继续深造，都是大有裨益的。

对于教授，如何了解？不妨去美国流行的教授评价网站去看看，像 Rate My Professor 和 Koofers。这上面能从多个维度对教授进行评价，不仅有是否给分严格，考试不好过，这种目的性很强的内容，也有关于研究方向，授课是否有趣，是否能激发学生兴趣，带给你们真正有价值的东西这样的干货。

甚至，还会有在线的图书馆，会分享一些学习资料，讨论学术问题。这些资源要是能利用起来，会对大家有较大帮助。

美国的教授评价网站：

http://www.ratemyprofessors.com/

http://www.koofers.org/

4. 合理规划课程数量和时间

首先，不能贪多，不要给自己太大的压力。学习，要努力，但是不一定要那么艰苦。最好是在自己喜欢的领域去努力，这样既能学到有用的知识，也学得开心。所以刚开始课程不要选得太多，排课的时间尽量不要太早，因为往往会有些课程作业特别多，需要熬夜，这样选择排在大早上的一些课，可能就比较痛苦了。

还有就是注意一下，有些课是不给你预留午餐时间的，所以可以根据自己的习惯来避免这些课程。

最后，对于文化类的课程，可以酌情考虑。文化类的课程，当然对于你了解美国文化很有帮助。但是注意，不能选要求太严格的，否则，可能你第一学期，将花费很多精力在这方面，不免有些本末倒置。这种兴趣类课程，完全可以课余去了解一下。

利用好 advisor 和学长学姐的力量，帮助你选择到最合适的课程。

5. 万一选到不合适的课程怎么办?

美国选课是很灵活的，如果选到不合适或者觉得有压力的可以申请去掉课程，不要为了完成课程而承受过多的压力，这样就得不偿失了。

除了这些，需要注意的一点是，美国大学的选课是比较灵活的，除了项目要求的必修课程外，可以根据自己的能力和兴趣去选择选修课程。（跟国内的选课差别很大，国内就是学校排课，上完就行了，但是美国的课程是学分制的，只需要你在项目规定的时间内休完学分且达到最低 GPA 要求就可以顺利毕业）

3.7.2　英国篇（英联邦国家可参考）

1. 随身携带

●行李箱：看不同航空公司的要求。

●电脑包或书包: 这个不限重，所以建议买个大点的可以多装一些东西。

●卡包 / 钱包: 可以放机票和护照的，免得你手忙脚乱找机票、找护照。

2. 证件

防水文件袋：护照、签证以及和签证一起来的信，银行卡、信用卡，雅思成绩单原件，CAS（Central Authentication Service，中央认证服务），offer，肺结核体检证明，英国地址，学校文件，财产资金证明等。

3. 生活用品

●衣服：开学时英国天气较凉，尽量多带点秋冬衣服，夏季衣服也带一些，万一天气突然变热。

●鞋子：一定要有一双是防水的，这里经常下雨阴晴不定，不建议带太多运动鞋，可以带浴室拖鞋，雨天或特殊情况可以替换。

●洗浴用品：浴巾 1，毛巾 3，小牙膏 1，牙刷 3，塑料杯 1，旅行装沐浴洗发洗面奶，浴帽，网状洗衣袋大等。

●电器：英标插头中国接线板，转换插头 3，数据线 3，U 盘。

4. 其他

10 张一寸和两寸彩照，记得保存电子版。带 1000~2000 英镑现金，身份证（看个人，如果保证金还没取出来，身份证最好留给父母），一张国内办好的 visa 子母信用卡。

手机：尽量带两个手机，以防手机突然坏掉，两张手机卡，国内卡（看个人），英国卡（网上可买可充值），国内卡提前开通国际漫游，国外卡开通并充值，开通有流量和英国通话分钟数的套餐即可（流量一般 2 ~ 3G 即可，英国遍地公共 Wi-Fi）。在飞行过程中都插中国卡，到英国快下飞机再换上英国卡，记得用中国卡时把流量关闭了，在各个机场都有免费无线记得好好利用。国内的卡等到英国一切安定下来了再选择停机保号或者停机注销。

电子设备及个人用品：手机充电器，充电宝 2 个（记得不能托运，英国充电宝贵），耳机，U 形枕 + 耳塞 + 眼罩，黑笔，保温杯，笔记本电脑，电脑充电器，鼠标（也可托运）。

飞机上洗漱用具：有的飞机免费发，有的飞机跟空姐要会免费给，有的飞机没有，看个人需要准备。

飞机上食物：速食即可，水果肉类等食物下飞机不能带，如果带了在飞机上一定要吃完（按照你飞行时间定）。

5. 备注

出国前必做：

（1）检查牙齿（英国补牙贵且慢）。

（2）把所有材料复印一份放在父母手上。

（3）带一个零钱包（专门装硬币的）：这里硬币很多，所以准备好零钱包，最好是有分层的硬币零钱包。

（4）多带一些 N95 ／医用口罩，现在英国疫情还没结束，另外不像我国那么重视；备两套防护服，一套可以选择托运以防你到时候突然回国。

（5）担心自己最初来英国跟不上课程步伐，可以带一个录音笔。

第 4 章　留学案例及经验总结

4.1　美国麻省理工 Ph.D. 申请：既然选择了远方，便只顾风雨兼程

作者：曹洪昊

【个人基本情况介绍】

　　我是华中科技大学光学与电子信息学院 2022 届毕业生曹洪昊，本科期间所学的专业为光电信息科学与工程，曾参与过二维材料与光伏器件相关领域的研究；即将前往 MIT EECS 攻读 Ph.D.，从事 Biophotonics 相关研究。

　　图 4-1 为麻省理工标志性建筑物。

图 4-1　麻省理工标志性建筑物

在我收到华中科技大学的录取通知书时，我就暗暗立下了出国留学的心愿。跟许多同学一样，从小我就对科学研究有着深深的憧憬和向往，所以多年来我都为成为一名科学家而努力学习。当我终于突破高考大关来到国内一流的高等学府，我不想止步于此，我还要去更广阔的平台看一看，去探索那神秘的未知世界。关于我的留学规划，大学期间的一个个短期计划就是每一天的早餐、每一周的组会、每一场考试；长期计划就是出国读博，从事自己热爱的研究，毕业之后或许可以成为高校老师，一生投身自己热爱的事业。申报基本情况如表 4–1 所示。

表 4–1　申请基本情况

申请类型		美国 Ph.D.
申请背景	GPA (Ranking)	3.99/4.00 94/100 (1/247)
	GRE	155+170+3.5
	TOEFL (Speaking)	113 (25)
	推荐信	三封本校导师
	科研交流 / 对外交流	无
	论文、专利、竞赛（或者你认为的加分项）	1. 国内会议共一 2.Materials Today Physics 一作 3.ACS Applied Materials & Interfaces 三作 4.Materials Today Energy 三作
申请结果	Admission (Offer/AD)	MIT EECS, Yale EE, UCB EECS, Princeton ECE
	Reject	Harvard, Stanford, UPenn,
	Pending	Caltech, UCLA, Cornell, UIUC, Columbia, Duke
	Accept (if applicable)	MIT EECS

【 标化考试——语言备考心得 】

在语言考试方面，美国留学主要考查的是 TOEFL 和 GRE，目前网上有许多关于备考的经验指导，下面我简单分享一下我的备考经历。

首先讲一讲我考 TOEFL 的经历，我所就读的学院每年暑假都会针对大一年级学生开设英语培训班，这对于入门很有帮助，但之后想要进一步提升就得靠自己的努力。首先是单词，然后是听力、口语和写作。单词我从大一进校就开始背，可以多下载几个单词学习软件，然后选出自己喜欢、适合的一款，课间及睡前的时间都适合背单词；早晨洗漱、晨跑／夜跑的时候适合听听力，可以听一些有趣的文章或歌曲；针对口语和写作我是考前（三个月）开始真题训练，同时在网上寻找视频教程 (bilibili + youtube)。托福对于单词的要求个人感觉没有 GRE 高，软件上的托福单词我在考前可能还有三分之一不认识，运气好的话词汇量有一点欠缺是没关系的。如果你是大一选手，英语课请一定要认真学并仔细备考，一方面它很容易拉高／低加权成绩，另一方面和四六级及托福都相辅相成。

我备考 GRE 的时间比较短，除了一直都在背单词外，从知道 GRE 的题型到考试，其间差不多两个月，我主要是通过做网上的真题和看教学视频备考。特别需要强调是单词很重要，所以可以好好整理一下，方便记忆和复习。

图 4-2 为我和课题组同学讨论问题。

图 4-2　和课题组同学讨论问题

接下来对我个人的经验与"排雷"进行一些分享。对于托福听力我认为是可以不记笔记的，相信自己的短期记忆，闭上眼睛认真听几分钟，弄清楚发生了什么事再做题，可能正确率会提高；托福口语我个人觉得是练习越多分越高，最好能以聊天的语气说话，当作与一个人交谈而不是背书；托福写作上引用时事可能会有帮助，没事的时候可以想想怎么把一个新闻用英语进行描述；GRE 写作其实是有官方题库的，多练习几篇可能就会碰到原题；GRE 填词网上真题练习碰到原题概率也很大；GRE 数学需要准备，有一些基本概念要回顾熟悉，而且好像申请工科的话非常有必要考满分。当然，我们这一年由于疫情，许多学校学院不要求提供（且无法上传）GRE 成绩。

图 4-3 为史塔特科技中心。

图 4-3 史塔特科技中心

【背景提升——科研及论文】

科研经历及成果可以说是出国申请 Ph.D. 中最重要的一环，参与科研的时间应该是越早越好。对于我来说其实"入门"科研是最难的，就像开始学习一个软件一样，你可能知道实验目的和实验方法，但是不知道应该先按哪个按钮。这个时候最好的方法可能是跟着案例做一遍流程，所以我在此叙述一下我的个人案例。我大一下学期的时候参加了一些出国经验分享会，"进实验室""多投入时间做实验"之类的词出现频率很高。但是当时对我来说实验室就是一个黑匣子，不认识老师，不认识学长，完全无从下手。

如果你也是处于这个阶段，我的建议是：

（1）了解老师和研究方向：登录你所在学校／学院的网站，在"师资队伍"里浏览老师的信息，一般会有研究方向以及邮箱。同时多参加一些讲座，很多是我们学院的老师主讲，如果感兴趣，认真听完之后去与老师当面交流。

（2）尽早联系老师：遇到感兴趣的老师，给老师发邮件约时间交谈，表明自己的来意和兴趣，可以是关于出国问题的咨询或者是旁听组会（一般老师的课题组会定期开会，研究生学长学姐分别报告近期研究进展，老师们可能也会欢迎一个本科生来旁听）。

图 4-4 为本科阶段实验室工作场景。

图 4-4　本科阶段实验室工作场景

（3）主动向课题组的学长学姐学习：旁听过一次或几次组会之后，应该会对每个人的项目有所了解（可以做一下笔记，查阅一些相关文献），如果有感兴趣的，可以在组会结束后和老师或者研究生学长学姐交流，表明自己的兴趣以及想参与这个项目。顺利的话后面就可以开始做实验了，一定要主动，没事就去实验室转转，看看研究生是怎么做实验的，一般别人的项目自己能够完成，作为本科生的我们主要以学习观摩为主。当然如果不顺利的话也不要气馁，继续寻找适合自己的科研项目、导师和学长学姐。一旦入门，后面就要看对科研的热情和毅力了。对于选择课题组，有很年轻的课题组也有很成熟的课题组，前者更容易融入，有更多的机会和老师交流学习以及自己独立承担一个项目，后者更容易抱大腿出成果，但是推荐信的力度可能没有前者大。

【 递交申请——网申与套磁 】

在申请过程方面，首先要考虑的是时间节点的规划：我从 2021 年 3 月开始套磁（给老师发邮件表明自己想去其课题组读博士的意愿），4 月考了第二次托福，5 月开始写论文，6 月备考专业课，7 月、8 月继续科研以及准备 GRE，9 月考 GRE 并开始写个人简历 (CV / Resume) 和个人陈述 (Statement of Purpose, SOP / Personal Statement, PS)，并开始大量套磁，10 月在想要申请的学校学院网站上注册申请账号，填写个人信息，提交所需文件（托福 /GRE/ 学校成绩等），11 月更新护照，持续改个人陈述以及套磁，同时继续科研，12 月陆续提交申请；从 2022 年 1 月开始偶尔收到老师的面试邮件，2 月开始陆续收到 offer 和拒信。

在择校方面，如果没有什么特殊情感的话一般是按排名来选择，分为综合排名（综排）和专业排名（专排），这个选择顺序经常和选导师放在一起比较。对于 Ph.D. 的选择优先级，最主流的似乎是导师＞专排＞综排。

我认为追求名校无可非议，但是一个令你不愉快的导师或课题组一定要直接否决。而且其实对个人来讲，我对 MIT 有一种执念，因为我太想去见识一下 GEEK 的世界了，以至于我把它写在家里书房的墙上，订阅了他们的每周新闻，甚至想过没有申请上就明年再来。所以收到 Offer 的那一刻，除了溢出的惊喜外，也是一种感动，三年的付出有了我最渴望的回报。如果你也有非常喜欢的学校，不必管其他人怎么看，也不用在意什么理由，喜欢就已经能成为最大的动力了。

在学院的选择方面，确定好申请的学校之后，下一步是确定学院（或专业），国外的专业分类不像国内这么细，而且根据兴趣和科研经历可以申请其他的学院。比如我们光电学院的同学可以申请的范围涵盖计算机、物理、化学、材料、光学、电子工程等。

在选择导师方面，每个学院下一般都有 Faculty 名单，平时可以多点进去看一看，老师的课题组网站中会有介绍 Research、Members、Publication 等相关情况，有些也会有 Open Position 的介绍。遇到喜欢的就可以发邮件，也可以联系组内的研究生先了解一下情况。我个人的关注点有：研究方向是否与我 match（博士的话 match 还是比较重要的），近几年的 publication 数量和质量，老师和组内成员是否面相和善等。

关于套磁。不知道为什么当时我听说博士 3 ~ 4 月份就要开始套磁了，但是现在看来有点早，那时候的套磁回复率不到十分之一，而且回复的也是客套话。真正要套磁的话，我觉得 9 月份左右是一个比较好的时间点。而且（个人感觉）现在越来越多的学校学院偏重 committee 制，也就是说并不是教授决定是否录取，而是委员会整体的考虑，所以套磁的作用会变弱，甚至我记得听了一个 MIT 的 EECS 线上宣讲会，Graduate Officer 直接说了"不建议提前联系导师，许多导师也不会回复"，因为他们每天都会面对大量的套磁邮件。总之，说这些是希望套磁没有收到回复的同学不要伤心，这不能说明任何问题，要永远对自己充满信心，耐心等待结果。并且，不管院校怎么说，我觉得套磁是没有坏处的（在不构成骚扰的前提下）。

最难忘的应该是第一次面试，老师开场问了一句" How's it going?"，我疯狂思考不能说"I'm fine, thank you."，最后磕磕绊绊说了句"I'm … I'm very OK."。

图 4-5 为静谧的查尔斯河。

图 4-5　静谧的查尔斯河

【总结】

回顾自己的申请过程，与我而言，我觉得最重要的是要充分发挥自己的主观能动性，同时要有平和的心态和独立的思考以及判断。首先一定要培养主动获取信息的习惯和能力。我认为大学和高中最大的区别就是，高中时期关于高考的信息都是学校和老师帮我们获取的，我们只需要花时间和精力去完成任务；而大学期间的任何事情都不再只是靠时间和精力就能

（很好地）完成的，包括保研 / 考研 / 出国申请，所以一定要养成自己搜集和获取信息的习惯。关于出国的信息来源有很多，学校的官网、搜索引擎（国内与国外）、各种论坛贴吧、一些手机 App、公众号推文；亲戚朋友、老师同学、学长学姐、出国交流分享会、飞跃手册等等。最重要的是主动去获取，这些信息一方面帮助我们合理地规划，另一方面也可能会带来一些之前未曾设想的机会（比如暑研）。同时我想说的是，不要被网络上庞大的信息吓倒。我在网上看过大多经验分享贴之后的感觉也是非常焦虑：为什么每个人的背景都这么丰富？为什么他们的努力如此复杂而精致？但首先，许多帖子的目的并不完全是想要帮你，可能有炫耀、宣传之类的成分，结构和言辞就会经过包装；其次，文字写出来的都是闪光点的汇总，而自己的闪光点很容易被日常生活中大量的暗淡时光给掩盖。所以，有时候要有一些"不以物喜，不以己悲"的心境，做成一件事或许不需要很复杂的努力，只需要早睡早起，一心一意，坚持一段时间。

4.2 美国斯坦福大学 Ph.D. 申请：
追逐光，成为光，散发光

作者：胡满琛

我是胡满琛，2020 年毕业于华中科技大学光学与电子信息学院光电信息科学与工程专业，目前在美国斯坦福大学攻读博士学位，从事光电材料与器件方面的研究。本科四年犹如白驹过隙，仿佛昨天才刚刚进入大学校园，转眼自己已在异国他乡开始了全新的征途，很庆幸，我没有虚度光阴，在有限的时间坚持去探索自己能力的边界，最终成功从中国光谷走到了美国硅谷。感恩母校以及所有曾给予我帮助的师长同学，站在前辈们的肩膀上，我才能拥有今天的成绩。回顾自己四年的成长历程，总结了如下几点，希望给正在阅读的你提供一些新的思路，帮助你在追梦、圆梦的道路上找到一些新的可能性。

申请基本情况如表 4-2 所示。

表 4-2　申请基本情况

申请类型		美国 Ph.D.
申请背景	GPA	3.96/4
	GRE	155+169+4
	TOEFL(Speaking)	109 (S23)
	推荐信	华科、上光所、UCLA
	科研交流 / 对外交流	UCLA-CSST 暑研
	论文、专利、竞赛	一作共一 3 篇 发明专利 2 项
申请结果	申请学校	Stanford、MIT、Princeton、UChicago、Rice
	Admission(Offer/AD)	Stanford、UChicago、Rice
	Reject	MIT、Princeton

早立志　立大志

对于出国留学，个人认为如果想申请全球前五的顶级院校博士项目的话，那么我们从大一起（甚至从高考结束起），就得开始规划自己本科的前三年时间了。我一直对斯坦福大学有着深深的憧憬，从走进 1037 号森林的第一天，就默默告诉自己，绝不可以浑浑噩噩虚度光阴，我要从这里走向世界。大一时，对于出国懵懂的我，听了当时大四的周学姐（耶鲁直博）的分享，那时心中就树立了学习的榜样。大二时听到骆学姐（UCLA 直博）的分享，提到出国的"红绿灯"效应。现在想来，我觉得能从光谷走向硅谷，第一个绿灯应该是自己大一时候参加的分享会，在当时的我心中播下了出国留学的种子。

所以，正在阅读此手册的大一的同学们，恭喜你们，从认知层面来说，我觉得你们已经走在了一部分同龄人的前面。如果你们想出国的话，希望你们可以早立志，立大志。

图 4-6 为武汉光电国家研究中心门前石塑。

图 4-6　武汉光电国家研究中心门前石塑

吃得苦中苦

自己大一时尝试了很多，成长了很多，学习了很多。进入大二时，自己内心也有了对未来两三年的大致规划，此时的我就是不断按自己的目标前进了。大家都说科研重要，那我就好好做科研：加入唐江老师课题组，大二大三非考试周，几乎都是一下课就从东九，穿过小树林来到国光。由于白天有课，没有大段的连续时间，而有些实验则必须一次性做完（器件稳定性差），所以通常只有从晚餐后开始，经常晚上转中午才从实验室往寝室赶（室友们也比较拼，形成了一个比较"良性的熬夜"的氛围。寝室往往谁回来早了，大家反倒还会觉得奇怪）。由于唐老师组是大组，人很多，我们组会一开就是周日一整天。说起来确实有些苦，但是自己本科坚持下来了，最后的部分结果大家也都看见了。

唐老师曾教导过我们一句话：知道正确的事情不去做，就是懦夫。我觉得如果我们很早就有了目标，就知道自己应该做什么了，大家都是可以咬牙坚持、都是可以吃得苦中苦的。因为我们一代代华中大光电人，绝不是懦夫。

图 4-7 为斯坦福大学椭圆形广场。

图 4-7　斯坦福大学椭圆形广场

Learn from the Best

科研上，唐老师总会教导我们，让我们学习经典，学习最牛的器件。可能这就是 Learn from the Best 的一个体现。自己低年级的时候还没有这个体会，但是现在回想起来，自己确实是很幸运的，在不知不觉中就 follow the best 了：首先自己加入的唐江老师课题组，单从论文的这个片面的角度评价，应该可以算华科乃至全球钙钛矿数一数二的组了。组里带过我的几位师兄，一位在斯坦福访学过一年，一位发过正刊、获得过王大珩光学奖（中国光学领域最高荣誉之一）。暑假在上光所科研时候带我的师兄，之后也评上了王大珩光学奖。在美国 UCLA 暑研的时候，带我的博士三年级师兄，他已经有一篇子刊，三篇 AM 的一作了……拿自己出国的第一个红绿灯来说，周学姐是耶鲁的直博，骆学姐是 UCLA 的直博，刘学长是加州理工的直博……如今回头看自己的成长，才恍然发现，自己一路走来，实则是 Learn from the Best。这里也特别感谢老师、师兄师姐、学长学姐们对我的帮助和指导。希望自己可以继续砥砺前行；同时，也希望自己能够把我的经验收获分享出去，帮助有需要的你们。

所以，对于后来的追梦人，我的建议是要善于并学会向他人学习，并且始终保持自己独立的判断能力，向着自己的目标永远走在追求卓越的道路上。

图 4-8 为在美国求学期间的生活照。

图 4-8　在美国求学期间的生活照

磨刀不误砍柴工

对于工科生来说，个人的硬实力像是汽车的发动机，而软实力则是汽车的外形设计。如果我们能比较好地将上述三点落实到自己生活的方方面面，我觉得我们硬实力应该具备了一定的国际竞争力了。提升硬实力当然是我们永恒的工作。但是，根据短板效应，此时也应该注意下个人软实力的提升。所幸我自己大一时尝试比较多，学生会主席、展览馆志愿者、大型演讲比赛等等，我都有深度的体验和尝试，这些学习之外的探索，可能在硬实力的提升上帮助不大，甚至在某些观点看来有些"不务正业"，但是正如我始终相信的"时间用到哪儿，哪儿就会有成长""磨刀不误砍柴工"，经过这些锻炼，我觉得自己社会交往、演讲表达这些方面，在绝大部分的工科生中间是有一定优势的。而且事实也证明，通过这些课外活动的锻炼，综合能力方面的提升后续给了我很大的帮助，至少在申请过程中，与教授对话、套磁、面试等环境中，不至于因为临场发挥或人际交往上的问题而被扣分。

发动机永远是汽车的核心，当我们有一个比较好的发动机时，希望大家也可以注意下汽车的外形是否与强劲的发动机匹配。

以上是我总结出来的四点思考与感悟，我略去了申请方面具体技巧性的问题，因为我相信：如果我们内心真的想去做成某件事，即使没有条件没有资源，我们自己也定将去创造、开拓、勇往直前。也祝福正在追梦的你们，能够早日圆梦。

4.3　美国耶鲁大学 Ph.D. 申请：千里之行，始于足下

作者：代兆威

【个人基本情况介绍】

我于 2020 年毕业于华中科技大学光学与电子信息学院，专业为光电

信息科学与工程，目前就读于美国耶鲁大学电子工程系。美国学校并没有光电这个专业，一般是在物理 / 应用物理 / 电子工程 / 材料科学与工程等院系中有类似的方向，我目前的方向是 Photonics & Optoelectronic Devices。表 4-3 中列出了我出国申请的一些关键信息和数据。我申请的是 Ph.D.，Ph.D. 申请与 MS 申请有很大区别，本文仅针对有意向申请 Ph.D. 的朋友们。

对于有意向出国留学的你，大学前三年的努力是为了拥有一个足够亮眼的申请背景，让自己在大四上申请季有底气以及勇气去申请不同层次的学校，最终获得一个满意的申请结果。当然，这并不意味着上大学的目的就是去一味地镀金刷经历，大学生活的意义也远非几个数字就能描述，本文只是我基于我的经历得出的经验，并不是也不可能是普适的，读者需要有自己的思考，去探索自己的大学之路。

表 4-3　申请基本情况

申请类型		Ph.D. (主申 EE，有的学校是 EECS 或者 ECE，有一个是 optics)
申请背景	GPA(Ranking)	3.96/4.0 94.6/100 (1/287)
	GRE	162+170+3.5
	TOEFL(Speaking)	106 (S23)
	推荐信	本院老师三封
	科研交流 / 对外交流	无
	论文、专利、竞赛（或者你认为的加分项）	一篇 Nanotechnology（申请时 accept）；一篇共一 Advanced Energy Materials（申请时在投）
申请结果	申请学校	MIT, UCB, Yale, UIUC, NUS(NGS, ECE), Cornell, Georgia Tech, USC, UCLA, Purdue, UT Austin, Rochester(optics), Northwestern, Rice
	Admission(Offer/AD)	Offer: Yale, NUS(NGS), Georgia Tech, USC, Rochester(optics) AD: Purdue, UT Austin
	Reject	MIT, UCB, Cornell, UCLA, Rice

图 4-9 为耶鲁大学标志性建筑。

图 4-9　耶鲁大学标志性建筑

【 出国留学前的规划 】

我想要出国也是受到学长学姐的激励，刚进校的时候看到本院一位学姐拿到了 Yale 的博士全奖，觉得很厉害，希望自己也可以出国，但总感觉比较遥远，也没有去具体了解怎样出国，后来才知道很多人是从大一就开始准备出国了。其实我大一刚进校的时候比较迷茫，不知道未来走哪条路，大致了解了保研出国这两条路之后就没有仔细考虑了，想着先得把成绩搞好，后面就一直好好学习，也做了不少学生工作，虽然大二开始进实验室做科研了，但是也不是因为要出国才去做科研的，期间也没有咨询学长学姐，甚至没有去听出国分享会，觉得先自己想清楚了再去问，但是现在想想这种问题自己也想不清楚，所以建议朋友们如果有大学规划上的疑惑一定要积极地去向他人咨询，主动问问题是一种很高效的学习方式。我是直到大三上学期才真正开始考虑出国的事情，所以准备的时候比较仓促。大三上自学托福，同时加大了对科研的投入，寒假的时候考了托福一次通过，科研也有了一些进展测了一些不错的数据。大三下学期的时候我才去了解出国的一些流程，这才知道暑研很重要，但是已经错过联系暑研的时间了。这个时候我感觉自己没什么竞争力，所以纠结了很久，考虑保研清北还是去香港、新加坡和美国。自己实在是无法做决定所以去咨询了一下中介，几家中介都觉得我条件挺不错的，只要抓紧时间把 GRE 和论文搞定就没问题，然后我也签了一家中介，半 DIY 模式，中介负责文书和网申，最为关键的套磁和选校还是自己来做。做决定的过程中也得到了年级其他出国同学的帮助，交流真的很重要，特别是选择读博士的同学，本来也就那么十来个人，就应该互帮互助，积极分享信息，不要总是觉得大家是竞争对手，要保持开放的心态，我们的竞争对手是清北以及其他 985 高校的学生，内部交流可以避免申请的时候严重撞车导致内部竞争。从大三下学期决定出国到提交网申这大半年里我一直是处于一种非常紧张而忙碌的状态，这都是因为前期没有规划好，所以真诚建议大家提早规划，因为极限操作往往带有运气成分，而运气是不好把握的，并且长期处于紧张忙碌的状态对于内心也是极大的煎熬，不利于身心健康。

图 4-10 为耶鲁大学校园风光。

图 4-10　耶鲁大学校园风光

【标化考试 – 语言备考心得】

关于语言考试，申请美国的学校主要是考 TOEFL 和 GRE，我也是考了这两门。两个字总结我的备考过程，那就是"极限"。我是自学的 TOEFL 和 GRE，我将我的备考过程总结为图 4-10，供大家参考。因为是极限出分，所以多少带有运气成分，也谈不上什么经验。需要强调的是，TOEFL 和 GRE 这两门考试的重要程度是不同的，TOEFL 成绩，准确地说是 TOEFL 口语成绩是最为重要的，因为口语直接关系到你能否在英语国家生活和学习。大部分学校都对口语成绩有单独要求，有的学校是在录取时严格卡口语成绩，有的学校不严格卡口语成绩但是录取之后你可能会因为口语成绩不达标而不能做 TA，从而影响奖学金。如果你的托福成绩在 100 左右，GRE 成绩在 320 左右，你想要在申请季前刷分，请务必把精力集中在托福（尤其是口语）上，把 GRE 从 320 刷到 330 对申请的帮助远远比不上把托福刷到 105。我在申请季前重新考了一次 GRE，成功刷到了 332。

结果因为托福口语只有 23 分，不得不上两个学期的英语课（耶鲁要求口语低于 26 分的都要上英语课）。而根据我的了解，我在耶鲁的中国同学的 GRE 成绩基本上是 325 左右。所以说把 GRE 成绩刷到 332 对我的申请帮助并不大，当时的我更应该选择去刷托福成绩。

图 4-11 为语言备考过程。

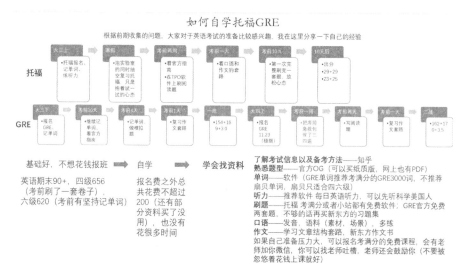

图 4-11　语言备考过程

【背景提升——科研及论文】

关于科研，前面提到我是大二上学期进入实验室的，规划当然是在申请季前能有文章见刊，期间最好还有出去交流的经历，但是现实往往没有那么顺利，在实验室干了两年，申请季开始时我的共一论文还是处于在投的状态，只有有一篇联合署名的论文见刊了。只有一段长期的科研经历，也没有暑研经历。科研上进展缓慢直接影响了我准备出国留学的进程，导致各方面很被动，申请时也很没有底气。不过最终我还是申请到了满意的学校，而我在耶鲁的同学中，也有很多和我一样申请前并没有论文见刊。这也说明申请 Ph.D. 并不是一定要有论文见刊，即使是在投的论文也是有帮助的。当然了，有论文见刊是最好的，因为论文见刊说明你的工作得到了学术界权威的认可，这是你科研能力的直接体现。但是我觉得不论论文有没有见刊，科研经历是必不可少的。

在本科期间做科研切忌眼高手低，不要想着一下子搞个大文章，一直死磕一个项目。比较符合客观规律的低年级本科生培养模式是以实验为主，大二上的时候看论文了解领域，同时跟着师兄师姐学习一些基本实验操作，参与一些博士生博士后的项目，大二结束的时候能有 1 ~ 2 篇挂名文章。得到了一定的锻炼之后开始有自己的想法，从大二暑假开始做一些周期为三到六个月的项目，大三结束之前能有一两篇 A 类及以上期刊的一作论文见刊，同时也可能会有和师兄合作的大文章还处于撰写或者投稿中。这样大三暑假可以放心出去，由于科研经历已经较为丰富了，暑研最主要的目的还是拿到海外导师的推荐信（就这些年的情况来看，推荐信的作用甚至超过了论文），当然这个过程中有文章产出更好。这是一个很理想的过程，有些方向可能不好发文章，时间会长一些，但是只要定位明确，加上组内前期工作的铺垫，两年内完成一篇 A 类期刊的文章还是可以做到的。我是大二结束选定的导师，导师给予了很大的自主权，期间也走了一些弯路，不过幸运的是干出了一些工作。学弟学妹们在选择校内导师的时候一定要多方面考虑，组里条件怎么样、近几年是否持续地在产出文章、是否和国外有密切合作、老师为人如何，这都是需要考虑的问题。如果在自己感兴趣的方向内选好了几个导师，可以再多方咨询这些老师组内本科生的发展情况。最后再给老师发邮件，可以和老师当面交流，老师一般都是愿意收本科生的。需要强调的是，绝大多数的 Ph.D. 申请者都有暑研经历，暑研的重要性不言而喻，没有暑研经历确实是我的一大遗憾。我当时是因为大三暑假前我在实验室的工作还没结束，文章初稿也还没有完成，想要赶在申请季之前投，就放弃了暑研。所幸后来文章确实中了，而且是一篇顶刊，可能面试的时候老师也能看出来我本科期间确实是做了一些工作的，所以才掩盖了我没有暑研的瑕疵。所以真诚建议大家，如果不是非常特殊的原因，一定不要放弃暑研。

图 4-12 为绿树成荫的校园内部道路。

图 4-12 绿树成荫的校园内部道路

【递交申请 - 网申与套磁】

关于申请过程，我列出了我申请的其中几所学校的时间线，如图 4-12 所示。套磁和选校是一个整理信息归纳信息的过程，也是申请中最耗时的部分，这一部分中介也帮不了你。我总共关注了 19 所学校，包括 U.S.News 排名专排前 15 以及 Yale 和 Rochester（Yale 专排靠后是因为它工程院的规模太小了，但老师都非常好；Rochester 的 optics 排名第一，Ph.D. 录取率相对较低，感觉主要是看加权和英语成绩，还有新加坡国立大学（NUS 的环境非常好，而且学校综排专排都比较靠前，如果想申请的话注意有一个 NGS 项目，奖学金更多，难度也更大，2020Fall 截止日期为 2019 年 12 月 15 日，而普通的 EE Ph.D. 项目是 2020 年 2 月份截止）。我本科期间科研方向是纳米材料储能器件，对于纳米材料的合成表征这一块比较熟悉，但是之后并不想做这个方向，还是想做偏物理一些的光电器件，所以最后选择申请低维材料光电子器件以及超表面光学材料与器件，对于这两个方向来说材料合成虽然不是研究的重点，但也是基础，所以我的背景还是可以往上面靠的。我并不了解这两个领域内的老师，所以只能在感兴趣的学校的院系官网上浏览老师的信息，把这两个方向的老师筛选出来，整理成 Excel 表格，包含老师的基本情况、研究方向、近几年文章情况、学生来源、个人主页链接以及邮箱，然后看一下老师近期的一些论文，确认是否是自己感兴趣的东西，然后进行套磁。一般来说一所学校筛选出来合适的老师不会超过三个，注意套磁的时候不要同时给一所学校同一院系的多位老师发邮件。套磁的回复率低是很正常的，但是如果你是有针对性的学术套磁，回复率会大大提升。我选择了 15 位老师进行套磁，有 5 位老师回复，而且最终我有 4 个 offer 都是来自套磁的这几位老师。这个效率算是比较高的了，特别是在我的科研经历和申请方向不一致的情况下。套磁的时候要提到你对老师的什么研究比较感兴趣，你的背景和这个研究有什么关系，需要言简意赅，附件可以附上自己的简历，特别提醒的是一定要写邮件主题，我最开始发的几封邮件主题都没写，就是显示附件名 resume，主题可以写 "Prospective student interested in your×××research"。如果老师对你感兴趣的话一般会隔天回复，有的可能半天，有的可能三天，甚至是等到你提交申请之后才回复。

图 4-13 为向各所高校提交申请的时间线。

图 4-13　向各所高校提交申请的时间线

申请过程中最为难忘的是有一个教授在面试完之后给我发邮件，对我评价颇高，让我信心倍增，不过我最终把这个教授拒绝了。拿到 offer 之后做选择时，我觉得最重要的还是选择导师，科研是 Ph.D. 生活的主基调，导师对学生的影响是巨大的，大佬的学生往往也能成为大佬。如果导师是学术混子或者有学术不端的行为，对你之后科研生涯也会有非常不好的影响。如果两个学校的导师在你了解到的范围内差不太多，那就再考虑学校排名、学校位置、环境、奖学金等因素。如果你在录取时并没有指定导师，那就看这个系里是否有自己意向的导师，以及自己进入他们组的可能性如何。

【 总结 】

回顾我出国留学的准备过程和申请经历，有几点建议，也是给上文做一个小结：

- 多和前辈交流、开拓视野、尽早做好大学规划
- 抓住出国交流的机会（帮助你决定是否要出国）
- 积极获取信息，很多事情你觉得很难是因为信息壁垒的存在

- 选择校内导师时要做好调研

- 暑研非常重要

- 努力提高自己的口语水平

写在最后，由于疫情，完成本文的时候，我仍然身在国内。我的 Ph.D. 生活也才刚刚开始，还在适应阶段，所以也谈不上什么经验，可以谈一谈我目前的感受。博士第一年主要是上课，在国内上网课，学业也能正常开展。我这个学期只有三门课，但是学业压力比较大，需要投入的学习时间比本科上十几门课还要多。本科期间一门课可能就是学一本书，内容基本都在课本上。而我现在上的课都没有课本，或者说不局限于某一本书，课程内容非常丰富，老师会给很多参考资料，每一次课都需要去看不同书的相应章节，以及相关的一些论文。阅读量上了几个数量级，对一些问题也有了更为深入的认识和理解。

希望本文对你有所帮助！

4.4　美国加州理工学院 Ph.D. 申请：机会总是留给有准备的人

作者：马笑天

【个人基本情况介绍】

我是马笑天，本科就读于华中科技大学光学与电子信息学院电子科学与技术专业，即将前往加州理工学院攻读博士学位。我感兴趣的方向包括用于生物医疗的柔性电子设备，以及微创手术机器人等方向，这是一门新兴的学科，需要生物、材料、化学、电子、机械、计算机等多学科的高度交叉。

图 4-14 为马笑天同学在加州理工学院校石处合影。

图 4-14 马笑天同学在加州理工学院校石处合影

我的具体申请信息可以参看表 4-4。关于最早出国的想法，在翻看过往的记录后，我认为大致可以追溯到大一军训完。当时，辅导员让每个人在国庆期间写一份自传，我写到"我的美国读研计划已经开启，现在处于基础阶段。我会穷尽各种渠道去打探这条全新的道路，并且已经做好面对并战胜困难的准备！"这四年走来，确实遇到了各式各样的问题，接下来的内容我将挑选一些值得分享的故事和大家分享。

表 4-4 申请基本情况

申请类型	Ph.D.（包括了 EECS/ECE/EE/ME/MSE/BME/MedE 等方向）	
申请背景	GPA(Ranking)	3.93/4.0 89.70/100 (2/89)
	GRE	未提交
	TOEFL(Speaking)	107 (L30 S24 R29 W24)
	推荐信	本院老师两封，暑研老师一封
	科研交流 / 对外交流	Mitacs 项目——McGill Bioengineering（线上 3 个月）
	论文、专利、竞赛（或者你认为的加分项）	一篇共一 Advanced Intelligent Systems（申请时在审）；一篇计算材料学的文章（申请时在投）；一项专利；国家奖学金（2021.10）

续表

申请类型	Ph.D.（包括了 EECS/ECE/EE/ME/MSE/BME/MedE 等方向）	
申请结果	申请学校	MIT, Stanford, UCB, Caltech, Columbia, JHU, Duke, UCLA, UCSD, USC, UT–Austin, UNC–Chapel Hill, UofT
	Admission(Offer/AD)	Offer: USC, UNC–Chapel Hill, Duke, JHU, UT–Austin, Caltech AD: UCLA, UCSD
	Reject	MIT, Stanford, UCB, Columbia, UofT(waiting)

【出国备考过程】

先说结论：仅就 2022Fall 的北美 Ph.D. 申请而言，GRE 并不是硬性指标，这也可能是疫情时代所带来的转变。

语言成绩方面，我在大一报了新航道的辅导班，选择了托福（可能是托福比较容易考吧），然后在大一下的 5 月 11 号首考 100 分，这个分数还不错。我认为在大一大二先考一次是有必要的。首先，如果第一次的分数比较理想，虽然成绩 2 年后会过期，可能需要重考，但这会大大增强自己的信心；就算考得不好，这次测试也能够熟流程，感受氛围，并为下一次考试提供参考分数用以查漏补缺。其次，很多大三暑假的暑研会需要申请者提供语言成绩，这是就可以用到我们考试的成绩。总之，我建议在大一大二期间，有条件的同学可以考一次。关于托福雅思班，上过课后再来看，我不推荐大家去报名那种笼统的听说读写面面俱到的班。阅读和听力课上所学的知识完全可以靠课后的刷题自行掌握，不要过度迷信提分班，老老实实刷题才是王道。如果有需要的话，我会更推荐大家去针对性地练习口语和写作，报班是一笔不小的开销，专项训练班是不错的选择。最后申请的时候，我在大四上的 9 月中旬第二次考了托福 107，这个分数还可以，就没有再考了。

再说 GRE 的考试。我原本并没有打算考 GRE，因为我统计了意向申请的学校的 GRE 要求（见图 4-14，麦基和 NTU 最后没再申请），基本上除了 NTU 卡 325+3.5 的最低分数，我所感兴趣的其余所有学校对 GRE 都是选交或者无须提交的。比较有意思的是，因为 UT-Austin 这部分的要求写得比较模糊，我曾写信向其办公室询问，得知即使申请者选择提交 GRE，他们在审阅资料时也根本不看 GRE 的成绩，所以一开始我没有太在意 GRE。但是后来在和其他同学以及老师讨论的时候，他们认为不交 GRE 在一些学校里会使申请者处于劣势。于是我也临时学了半个月去考了 GRE，结果只有 321+3，这个分数是在太难看了，于是我在最后的申请时除了 UCSD，其他学校都没有提交 GRE 成绩。现在从结果看来，这个选择是对的，大多数学校依然发出了 offer。然而不交 GRE 是有局限性的，比如新加坡的两所必须提交 GRE 成绩，导致我后来没有再申请；另外，对于相当一部分硕士专业，GRE 是必须提交的。所以我的经历仅对后疫情时代的北美博士申请者具有参考价值，如果你心仪的项目需要你提交 GRE 成绩，那一定要提前准备，临阵磨枪是无法应对这样高难度的考试的。鉴于 GRE 考试题库的容量有限，常出现过往考试的题目，我向大家推荐大佬 GRE。该公众号有偿提供近期考试的真题，多刷他们提供的题目有可能在考场上遇到很多原题。

最后说说疫情对于考试预约的影响。因为地方防控政策的不可抗拒因素，如果一场考试被取消了，别灰心，you are not alone，赶紧预约下一场考试。线上考试不到万不得已不要用，因为线上考试对室内环境和网络的要求非常严苛，稍有不慎就可能被记为违规没有成绩，所以还是尽量去线下考试，如果本地没有考位可以考虑去邻近的城市，如长沙、合肥以及南昌等考点都是不错的选择。

图 4-15 为部分的 Engineering Schools 对 Ph.D. 申请者的 GRE 要求（仅适用于 2022 Fall）。

Engineering Schools	GRE 要求
麻省理工	No或选交
斯坦福	No或选交
加州-伯克利	No
加州理工	No
加州-圣地亚哥	材料工程需要；其他不需要，但暗示推荐提交
南加州	No
德州-奥斯汀	No
哥伦比亚	选交，不会成为减分项
加州-洛杉矶	选交，不会成为减分项
约翰霍普金斯	选交，不会成为减分项
北卡罗莱纳-教堂山	选交，不会成为减分项
多伦多大学	No
麦吉尔大学	No
南洋理工大学	Yes

图 4-15　部分的 Engineering Schools 对 Ph.D. 申请者的
GRE 要求（仅适用于 2022 Fall）

【科研背景提升】

2019 年 3 月，我误打误撞来到了学院百场导航讲座的会场（见图 4-15），当时臧剑峰教授正在讲《柔性材料，脑机接口》。听完以后，我感到很兴奋，对这方面也很感兴趣，但是当时并没有急于加入实验室。我继续参加了其他的各类讲座，就是要找到自己真正的兴趣点。等到大二上一开学，我给臧老师发邮件说想要加入实验室，从此正式开启了科研的实践，一干就是到现在，参加过大大小小共 4 个阶段的项目，经历过疫情隔离远程办公，也陷入过一筹莫展的境地，但是始终坚持在实验室里进行科研进行探索，并且做出了一些成果，这的确是很美妙很快乐的一件事情。第二封推荐信来自缪灵老师，我们小组成员将他教授的计算材料学课设进一步研究，并取得了一些成果，得到了老师的认可。我认为完全可以将大三的专业课课程设计认真完成，这样有助于给老师留下好印象，方便索要推荐信，同时没准还能有额外的文章产出。同时，我在大三上学期申请了

Mitacs 项目，我最终有幸加入 McGill 的生物工程系的 Allen Ehrlicher 教授组进行为期三个月的线上科研，期间对心肌细胞的膜电位进行荧光成像参数提取。这次暑研拓宽了我的视野，也使我对国外的科研氛围有了更真切地了解。我推荐有能力并且感兴趣的同学可以关注一下每年的 Mitacs（由 UofT, McGill, UBC, Waterloo 等 host）、CSST 等高质量的暑研项目，这比自己套磁申请要省时省力得多，但是缺点是自由度略小，整体上是利大于弊。我院 2020 届毕业生胡满琛学长的知乎专栏上有详细的暑研项目介绍，链接如下：https://zhuanlan.zhihu.com/p/119230508。

图 4-16 为 2019 年 3 月 21 日百场导航讲座的现场。

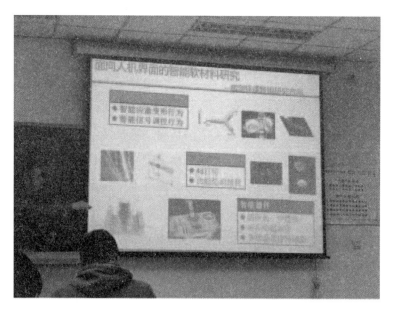

图 4-16　2019 年 3 月 21 日百场导航讲座的现场

总结来看，我开始科研的时间点比较合适（大二上学期）并且一直坚持下去，能够深入地钻研课程设计并将其最大化地利用，同时有一份较高质量的暑研，这样的科研背景对于北美博士的申请者来说是比较合理的。

【申请过程及心路历程】

我是在 2019 年 3 月的留学分享会上开始了解到关于申请方面的信息的，之后选修了华科学子走世界这门公选课，课上完成了自己人生中第一份英文简历，后来渐渐了解到一些网络平台，如一亩三分地等，加入了一些留学交流群，又连续两年听了学院举办的留学分享会，学习到了很多的申请技巧，我对自己 DIY 申请抱有很大信心。

不严格地讲，大三上学期开始申请的 Mitacs 算是一次小申请，因为整个流程和真正的申请季过程很长，需要填写很多表格，上传很多文件，走很多手续，包括后续的面试以及放榜录取，所以这也是我为什么推荐大家在大三暑假走暑研项目，因为可以提前模拟真正申请的情景，很多事情当你经历过第一遍后，后面的恐惧与困惑就会离你远去！

真正的申请是从大三的暑假的 CUHK 的 Summer Workshop，竞争太激烈没能卷过，当时非常沮丧。但是我确实也是什么资本都没有，就连港校最看重的国奖当时也没拿，论文也还没投出去。看着周围的好多同学都拿到了 offer，当时不着急是不可能的。另一波沮丧是 9 月末 10 月初，看到了很多人成功保研到很好的学校，也曾担心自己会不会没学上，但好在没过多久我就把这些负面情绪给放下了。

真正的申请季开始，我先做功课来调研有哪些学校的教授是做我所感兴趣的方向的，我认为这一步对于博士申请者来说至关重要，因为课题组的大方向决定了未来五年组里成员的方向，我花了很久，大约两周，整理了中国香港、新加坡、加拿大、美国的 27 所高校的教授们的研究方向。正如前面所说，由于柔性生物电子是高度交叉的学科，我会把每个学校的 EE、ECE、EECS、ME、MSE、BME、BioE、ChemE 等众多院系的老师都仔细了解了，一番梳理下来花费了大约两周的时间。我首先排除了香港地区的高校，因为基本上没有我很感兴趣的老师，新加坡的两所里有很多合适的老师，但还是不如北美的老师多。因此，我的目标主要集中在美国，再加上我对于加州有着非常不错的印象，所以最后按照彩票校（4所）、主申校（7所）和保底校（2所）列出了13所我认为具有比较适合方向教授的学校。

图4-17为加州理工学院地标—基因池。

图4-17　加州理工学院地标—基因池

之后就是边套磁边填写各学校的网申表格，注意每个学校中每个项目的截止时间都有可能是不同的，另外要注意和美国各地区的时差，东岸西岸冬令时夏令时，以防错过时间。我的第一封套磁信是在10月中旬发出的，套磁的时候就直接向潜在的教授们发邮件介绍自己，然后静待回复。我个人的经历是大约70%的教授会回复邮件并在接下来的两周内安排面试，并且如果通过了面试，那么你有较大的概率得到最终的 offer。面试时候自然得体即可，不要忘了面试结束后给老师发一封感谢信，如果是华人老师还可以礼貌地索要微信。小插曲是我在微信中看到了一位 JHU 的刚入职年轻 AP 的招聘信息，方向很合适，后来主动套磁，最后也成功收到 offer。所以大家可以多渠道了解招生信息（如微信公众号的微 offer/ 海外留学申请咨询 / 每日更新全奖国外申请咨询）给自己增加申请的机会。

图 4-18 为加州理工学院图书馆。

图 4-18　加州理工学院图书馆

【过来人经验分享】

我认为能申请上 Caltech 的 Ph.D. 真的是很幸运。我的经验告诉我：要及时地和周围的人进行沟通，多向老师、学长学姐们请教，并敏锐地寻找自己的机会。我在大一并不知道自己想做什么，所以参加了很多次百场导航，对各个研究方向都做了一些了解，在此基础上，我大二大三我逐渐找到了方向，加入了校内课题组进行科研，经历了疫情，参加了很多的线上会议（对柔性电子的同学，我强烈推荐 iCANX 以及 EML Webinar，非常棒），了解了国内外的大牛们以及他们的最新学术进展，把重心从，加权逐渐刷上来。大三我选择了避开光电和集成的卷王们，来到了环境较好的电子专业，年级排名也有所提高，同时找机会校内科研、国外暑研（疫情转线上了），在申请时得到了家人、导师、朋友以及学长学姐的帮助，简历和个人陈述前前后后改了 20 多版，没有他们一直的陪伴和鼓励，我也很难坚持走下去，我要真心的谢谢他们。

如果你已经选择了出国这条路，那就坚定地走下去吧！

图 4-19 为现代感十足的贝克曼研究所。

图 4-19 现代感十足的贝克曼研究所

4.5　美国圣母大学 Ph.D. 申请：
路漫漫其修远兮，吾将上下而求索

作者：徐哲桁

【个人基本情况介绍】

徐哲桁，华中科技大学光学与电子信息学院 2020 届本科毕业生，目前在美国圣母大学电子工程专业攻读博士学位，以下为他本人供稿。

想起刚步入大学的我，了解一些前沿知识后，越来越觉得到外面的世界看看，丰富自己的视野是最适合自己的学习方式。而目前已在圣母大学读博半年的我，回顾大学四年的出国准备，有感动、有惊喜，也有些许遗憾。期间也得到了很多人的帮助，作为一个过路人，我对自己的申请经历进行了梳理，同时也总结了一些感想心得，供朋友们参考。

图 4-20 为圣母大学校园风光。

图 4-20　圣母大学校园风光

【 标化考试——语言备考心得及雷区 】

首先是留学备考，也就是托福和 GRE，对于这两门考试可能不同人有不同的感受。对于我而言，托福其实际上是比 GRE 要更难的。虽然 GRE 对词汇量和阅读写作能力要求很高，但是托福是一个需要长期训练（主要为口语、听力）才能得到提高的考试。我身边的很多同学都是因 TOEFL 拖慢节奏而非 GRE。我个人也为了 TOEFL 提分考了许多次，而 GRE 我只准备 3 个月，考了一次，也能得到 160/167+3 的合格分数。不过对于申请博士的我而言，TOEFL 太低（100）对我申请的影响可能不是很大。所以我觉得备考难度和时间精力的投入还是因人而异。

至于词汇量 / 口语 / 听力，个人认为是一个量化积累的过程，条件允许的情况下从大一就可以开始进行提升，坚持每天 80 ~ 100 词汇的记忆，以及一定量的听力口语练习。前期可以适当降低对阅读和写作的训练，其实我个人觉得，经过中学和大学的训练，跟听说比起来，阅读和写作可以说是中国学生的强项，所以短期时间可以得到快速提升（自己的亲身经历也是这样）。当然这些都是个人建议，还需要结合自己实际情况进行调整。

这里便有一个误区，就是 TOEFL 只有两年有效期，所以很多同学都是大二才开始认真进行托福备考，我一开始也是这么认为的，所以这也直接导致了我口语成绩不是很理想，希望一些语言不是很好的小伙伴吸取我的教训，早做准备，甚至早点去参加考试都是可以的。之前说过，托福是一个需要长期训练才能得到提高的考试，所以任何时候进行托福的准备都不算早。尤其是刚步入大学就有出国意愿的同学，可以大一参加一次 TOFEL 来熟悉考试环境，并发现自己的短板，然后有针对性性地进行提升。

【背景提升——科研与成绩的平衡】

相信初入大学时候，很多同学跟我有一样的困惑：既然科研与专业课都需要投入大量的时间精力，那么如何平衡两者从而发挥最好效果？如今大学毕业，走入了自己梦想的学府，回过头来再看这个问题，我心中也找到了自己的答案。

我大一下学期就申请加入了武汉光电国家研究中心一位教授的课题组。个人认为，大二才是寻找自己科研兴趣的时期。大一新生不仅需要适应全新的大学生活，还要了解各种基础知识。所以我认为，第一年最重要的目标是尽快适应大学生活，找到适合自己的学习和生活节奏，同时尽可能地提升加权成绩。大一学年的成绩在四年成绩中占比很大，而且会为之后的专业课打下坚实的基础，从而能让你投入更多时间在科研方面。大学四年，虽然后期我在科研方面投入了巨大的时间和精力，但平均加权也可以达到 92+，这也很大程度上归功于我大一勤奋刻苦的结果。

大家应该都知道，在申请海外学校的时候，申请博士会非常看重科研经历和成果，申请硕士则更加注重三维：加权、GRE、TOEFL。申请 Ph.D. 的同学，如果有国外暑研经历，又有 1～2 篇第一作者的文章，这会是很好的加分项，所以需要尽自己最大努力多在大二、大三出科研成果。当然付出不一定会有很大回报，保持一颗乐观向上，不屈不挠的心同样也十分重要。现在回头来看，其实我自己在成果方面没有特别好的产出，一直到我申请学校的时候，我都只有几篇非一作论文，虽然这是我出国经历中比较遗憾的点，但并不会影响我追梦的心。

图 4-21 为圣母大学主楼全景。

图 4-21　圣母大学主楼全景

【递交申请——文书、网申与套磁】

网申大约是大四学年的 10 月、11 月开始，而我大概 8 月开始进行了申请清单和文书工作的准备。其中也咨询了许多老师、师兄和师姐，并对文书进行了多次修改，在此，还要特别郑重地感谢他们对我提供的帮助。此外，与志同道合的朋友相互交流，相互探究，相互鼓励也是特别重要的。尽管跟年级上其他个别同学相比，我申请的结果不是特别理想，但是也达到了我的心理预期，一共拿到了范德堡大学、圣母大学以及德拉华大学的博士全奖，经过多方比较，最终我选了圣母大学。

套磁的话个人认为是申博比较有用的，网申季期间，我对自己感兴趣的老师总共发了几百封邮件，虽然大部分石沉大海，但总有一些会带来惊喜。比如我收到了来自圣母大学和东北大学的积极回复，其中圣母大学一月便给了全奖 offer。这里我也想说，套磁不一定要以成功为目标，也可以通过这个环节进一步提升自己文书和沟通水平。比如我联系到了东北大学的一位教授，虽然他不打算招生，通过与他的积极沟通，我了解了美国具体的网申形势。他还帮助我稍微修改了简历和 SOP，这对我之后的套磁也有很大的帮助。

图 4-22 为圣母大学校园内随处可见的小松鼠。

图 4-22　圣母大学校园内随处可见的小松鼠

【总结】

每个人都有属于自己最独特的那一扇门。留学准备的过程无疑是漫长而艰辛的，要走出自己最适合的路，找到属于自己最美丽的风景。路漫漫其修远兮，吾将上下而求索。朝着正确的方向，乐观积极，勤奋努力，最终的结果一定美好。祝愿每一个申请路上的奋斗者们，都能成功实现自己的梦想！

4.6 美国卡耐基梅隆大学 MS 申请：
读更多的书，看更远的风景

作者：周笑阳

【个人基本情况介绍】

我是华中科技大学光学与电子信息学院 2020 届毕业生周笑阳，本科所学的专业是光电信息科学与工程，申请的基本情况是 GPA3.89，托福 116，GRE159+170+4.0，本科期间有 2 段海外交流经历和多段实习经历。我申请教育技术专业硕士，获得了 6 个项目的 offer，最终选择 CMU METALS 的硕士项目（教育技术 + 人机交互交叉）。

由于初、高中均就读于外国语类学校，我很早就萌发了出国求学的念头。我认为出国求学经历不仅是对专业学习能力的提升，更是树立正确世界观的过程，通过结识来自世界各地的求学伙伴和专任教师，会促进思维火花的产生。我也一直想去看看更大的世界，去丰富自身的成长经历。

【标化考试——语言备考心得】

我申请的硕士项目均偏向英语授课型，对于托福和 GRE 的要求高，部分学校对具体科目分项还有细致要求（比如 CMU 的项目要求四个分项均不低于 26 分）。我的语言成绩较好，而且较高的口语分项也使我占据了一定的申请优势。

考虑到托福成绩的有效期是两年，我建议大家最好让所考成绩能在研究生开学时依然有效。因此在大三学年考出来是最合适的。我认为托福是很人性化、很科学的考试，因为考试题目涵盖了未来出国留学生活的方方面面。建议同学们在面对托福题的时候，心里想着"我在听老师讲课"或者是"我在办公室跟老师聊天"的情景，不要过分强调考试成绩。此外，我在备考期间看了很多欧美明星接受采访的视频，把自己代入到场下观众的身份，形成一种沉浸式的学习氛围。最重要的是，努力提升应试能力，TPO 要刷，单词要背，作文要练笔（可以写很多片段，不一定每次都整篇整篇地写）。

相较于托福考试，我个人认为 GRE 考试更难。GRE 的 verbal 建议考到 155（除非软实力非常厉害），数学 170 对于我们来说没多大问题，基本上就是初高中的水平。写作成绩对于偏社科专业的申请非常重要，至少达到 4.0，而对于理工科申请则一般要求 3.5，越好的学校要求越高。

很多人习惯用 GRE 总分去描述自己的水平，其实这样是不科学的，因为在招生官眼中，他们更关心的是 percentile，即你的单项成绩跟这个项目性质的匹配程度。举例说明，如果我申请的是一个文科专业，那么我的 verbal 一定要很高，而数学只要 165+ 就差不多了，因为文科对写作和理解能力要求很高。如果我申请的是一个理科专业，那数学就要尽量达到 170，verbal 要求也会低一些。学校官网上一般会给出历年录取学生的成绩分布，可作参考。

GRE 考试有效期是 5 年，我身边多数同学都选择在大二、大三，甚至大四才去考，我认为其中主要原因是 GRE 考试对思维有较高要求，要求考生有批判性思维，和自身对社会的思考。我不建议完全按照红宝书来背GRE 单词，我每天坚持用手机 App 背单词，每天三个时间段来专门记单词。App 之间的差别不大，百词斩、墨墨背单词、GRE3000 都是挺好的软件，最关键的还是坚持。刚开始很困难，请记住每个人都有这个阶段，坚持下去。

【 申请过程经验分享 】

　　我的大学四年是这样度过的。大学第一年，我觉得要以适应体验为主，专注专业学习的同时，适当参加课外活动，开始思考如何度过自己的大学生活。大二阶段，除了继续专注于提高 GPA，还要着手找实验室做科研 / 实习，进一步明确申请方向，开始准备托福和 GRE。大三则是收获实践成果和进一步完善自身软实力的关键阶段，保持 GPA 的同时，最好考出理想的托福成绩和 GRE 成绩。大四就是申请的关键时刻，继续努力丰富个人简历，同时积极准备申请材料。

　　情绪调整和心理调适也非常重要，因为我的研究领域跟我本科所学的专业跨度很大，所以我所面临的最大困难是如何平衡本专业和研究生专业。我一方面提高时间利用率，另一方面坚定自身的目标。由于我所在的专业课时多，难度大，所以在本专业的学习上需要花费较多时间，才能保持较高的 GPA 水平。我的对策是利用好白天的空闲时间段以及寝室时间。第二点目标清晰，出国留学战线很长。我们需要理性地分析出各个阶段的核心目标和任务，从而有效地用好自己的时间。如果两个月后我就迎来托福考试，那么这两个月中，完成托福考试就是我的主要任务，一切行动以此为目标。战线一长，保持一个良好的心态就很重要，我在备战期间，也存在着课内作业不会做，要花很久才能吸收上课内容，还要面对考试的压力，导致自己没有时间去丰富个人简历，有过一些坚持不下去的感觉，觉得对出国申请没有信心。后来我意识到，我可以换方式去看待这个问题，光电专业学习只是我生活的一个很小的部分，我依然可以去做自己想做的事情，焦虑就自然消散了。

　　决定要去的学校是一个很艰难的过程，那段时间我加了很多微信群、认识了一些收到同样 offer 的同学、向学长学姐咨询建议以及上网搜集项目信息。我相信无论是哪一种选择，都会给人生增添浓墨重彩的一笔，所以选择之后，珍惜机会，勇敢踏上新的征程，开始新的奋斗。

【给学弟学妹的建议】

我在大二上学期经历了一段迷茫期，直到大二寒假才找到了中意的专业领域。当你质疑自己对专业学习的热情时，请先问问自己：到底因为学习上的困难，还是因为自身性格、经历与这个专业领域不能很好地匹配？如果是前者，你只需要给自己放放松，打打气，从优秀的同学和前辈身上找到动力。但如果是后者的话，你就可以开始思考自身的特点和所热爱的事业，你需要认清自己的能力、潜力、性格特征，再找到可以与之匹配的专业领域。因此我的建议是，一定要有意识地去认识自己，比如向自己提问：我是个有创造力的人吗？我喜欢做研究还是实践？我做什么事情的时候最快乐、最有满足感？当然，还需要自己多搜集资料，比如看看学校官网，关注行业趋势等，也有助于帮你做决定。

4.7　香港科技大学 Ph.D. 申请：时光不语，静待花开

作者：季紫薇

【个人基本情况介绍】

我是季紫薇，本科就读于华科光学与电子信息学院电子科学与技术专业，加权为93.8，专业排名1%。本科期间发表2篇论文（其中1篇为第一作者）。我申请了包括香港中文大学和香港科技大学的 Ph.D.，目前在香港科技大学电子与计算机工程学院（ECE）就读 Ph.D.。

图 4-23 为季紫薇同学在香港。

图 4-23　季紫薇同学在香港

【出国留学前的规划】

其实我对出国这件事不存在什么长期的规划，在大学的前三年中，我一直是沿着"认真学习、争取一个优秀的保研结果"这条路走的。大一时我加入了学院的电工电子科技创新中心和 LabView Club，自学了一些软件应用和电路知识。大二期间我参加了全国大学生数学竞赛，并把精力主要放在课程上，进一步提高了自己加权成绩上的优势。大三我开始参与科研，加入了光电国家实验室信息存储材料及器件研究所，在缪向水和何毓辉教授的指导下做科研项目。

大三暑假参加了一个 UC Berkeley 的暑期交流活动，原本打算保研的我，突然觉得可以试试留学，但家里人比较反对。而在寻找保研期间，身边挺多同学比较关注香港的学校，所以我准备试试申请香港的大学。因为香港科技大学的提前招生项目给了我所在的学院招生名额，我就报名参加了。后面就参加面试，夏令营等等，很顺利地拿到了 offer。

图 4-24 为依山傍水的香港科技大学。

图 4-24　依山傍水的香港科技大学

【备考及科研背景提升】

　　关于留学标化考试，我能分享的就是备考雅思的过程。前面已经提到，由于申请香港的大学会有英语方面的要求，而我是在面试过后才补考的雅思，因此准备过程仓促，成绩也不算特别理想。因此，我想提醒各位提前准备雅思或者托福等考试，最迟在大三下学期就取得一个较为理想的英语成绩。

　　准备雅思时，我一开始是自学，在网上找了很多学习资料和经验分享，但是太考验意志力了，很难做到完全自觉。最后为了约束自己，以及出于心理安慰报了学习班，虽然短期班可能贵一点，但是对人的帮助挺大的，用不着一个人死磕。最后我取得了最高 7 分的雅思成绩，但那次口语没过 5.5。最后一次口语过了，但总成绩是 6.5。虽然雅思考得不高，但是对当时的我来说，只要能过线就不影响正常升学。

　　本科生科研方面，我起初加入缪向水教授和何毓辉教授的课题组，也并非出于出国的规划，而是想多拥有一些科研经历，在实践中提升。同时，学院提供的本科特优生培养平台，也使我得以接触到一些很 nice 的导师，很感谢学院提供给我们的这个平台。科研的过程并不容易，我花费不少时间看相关的论文和网课，并学习软件语言工具。在做项目的过程中，如果遇到困难，我会主动和导师沟通，询问师兄师姐，并在他们的指导下学习相关的知识。当然，付出也是收获的，我成功地发表两篇论文（其中一篇是一作），这对我成功申请港科大无疑是很有利的。

图 4-25 为香港科技大学图书馆内。

图 4-25　香港科技大学图书馆内

【经验与总结】

申请港校的流程，其实和保研流程类似，通过官方网站或者相关老师了解好申请、面试的流程，认真准备就可以了。当然会和申请内地的学校有差别，比如英文文书的撰写对我来说比较难，这个可以找中介之类的润色。在申请港科大的过程中，我经历了两轮面试，通过面试也是意料之中，也没有事先和老师套磁。在奖学金方面，我因为粗心填错了某个表格，虽然拿到了港科大 Ph.D. 的全奖，但没有拿到港府奖学金，这一点还是比较遗憾的。

从我申请港校的经历出发，我觉得有以下经验值得分享。首先，选定一个目标课题组，提前选择自己所认同的研究方向，不但考虑兴趣，还要了解出路等现实因素，提前联系导师。导师的好坏与否挺重要的，换导师其实比较麻烦。为了排雷以及联系导师，最好和组内学生交流下。如果导师的主页没有组内学生的联系方式，就去找他 / 她的近期论文，上面有学生的联系方式，直接发邮件询问组里情况。有的导师不看邮件，或者不回邮件，就可以找学生催他，如果是同一个本科的更好。

其次，申请时每个人的心路历程是不一样的，不必过于相信网络上的东西，有的有失偏颇。之前我在知乎上浏览相关信息，结果越看越怂，但和很多学长学姐聊过，又恢复了一些自信。这个其实类似小马过河，只有自己经历过才有真实体会，建议大家勇敢尝试，不要去吓唬自己，给自己设限。

最后谈一谈我的现状。在香港没有什么感觉不适应的，风景也很好，想吃什么都可以吃到，就是快递会慢一点。学习状态很大程度取决于导师的风格，我的话时间比较自由，全靠自觉。刚开始的时候，说英语可能会有些不适应，需要多和周围的人交流，研究上的问题也要多交流。目前我的目标是毕业后去美国大厂实习，之后回国从事研究型的工作。

4.8 香港中文大学 Ph.D. 申请：敢于尝试，才能突破

作者：周楠森

【个人基本情况介绍】

学弟学妹们好，我是周楠森，2020 年毕业于华中科技大学光学与电子信息学院光电信息科学与工程专业的，目前就读于香港中文大学（CUHK）生物医学工程系。

我本科参加过许多研究，毕业时的加权成绩为 94，但这些只是过往云烟，只有抓住当下，继续快乐而积极地努力，才是最应该做的事。我选择去香港留学，是觉得要给自己多一条路走，把眼界放到内地之外的学校，要勇于尝试。

图 4-26 为周楠森在香港的生活照。

图 4-26 周楠森在香港的生活照

【备考经验分享】

相比其他人，我开始的时间比较晚，大三的时候才拿到托福成绩。对于这些标准化考试，我的建议是向老师们学习经验，然后自己刷题，俗话说："师傅领进门，修行靠个人。"另外，盲目刷题不可取，题量重要，题目的质量更重要。

此外，成绩方面要达到进行申请的必要条件，比如加权、英语成绩等等，但实际上，香港的门槛较低，导师更看重的是你的其他能力，所以不必过于苛求成绩。

【科研背景提升】

首先，我大一就加入了国家强磁场科学中心的磁光实验室。当时大学物理老师韩一波研究员问我是否愿意去做课外科研，秉着拓宽眼界的想法，我选择了尝试。在这之后我又参加了关于材料的非线性性质的省级大创项目，加入这个项目主要是考虑之后的方向是材料或者生物与光学的交叉研究（现在我在 CUHK 做的项目也是与非线性光学有关的）。大三的时候想尝试生物方面的结合，就主动联系了我们学院做微流控芯片研究的费鹏教授，基于此，又和学长一起完成了一项专利授权。正是这些尝试，让我发现对我而言什么是喜欢的，是想去做的，这些经历也很大程度影响了我选择的科研方向以及导师。

总的来说，大一、大二打好基础，多学多看多问，以加权为基础，思考以后想走的方向，了解相应的领域，阅读相应的论文，如果觉得有兴趣，就大胆去该方向的老师。选择尝试的方向也不要太多，两到三个即可，太多会导致浅尝辄止，不知其味，也很有可能浪费时间。另外，一旦选定，就要做好花时间的准备，没有什么是一蹴而就的，不花时间，再好的方向也出不了成果，而时间和成果相对来说是成正比的。

图 4-27 为香港中文大学主校区图书馆。

图 4-27　香港中文大学主校区图书馆

【申请过程及经验分享】

1. 网站推荐

香港只要申请成功就会有每个月的奖学金或者工资，如果学弟学妹们足够优秀，可以在夏令营（workshop）申请 Hong Kong Ph.D. Fellowship Scheme (HKPFS)。2019 年，我就提前发邮件联系了老师，并且在夏令营之前就收到了回复，约好了夏令营时见面。面试以后，由于我们这个系名额少，所以错失了这个奖学金。想要了解相关信息的学弟学妹们可以看这个网站：

https://www.gs.cuhk.edu.hk/admissions/scholarships-fees/hkpfs.

图 4-28 为香港中文大学校内景色。

图 4-28　香港中文大学校内景色

【总结】

我现在也适应了香港的生活，每天早上八点起，有时候晚上十二点才回，两点一线，一周六天，辛苦忙碌但也十分充实。初来乍到之时，提许多行李，拿很多证件，也算是一种成长，但是整个备考、申请、收到 offer 的过程下来，我依然还是从前的那个少年，探索未知，勇于尝试。在未来先做好自己的事情、项目，发一些有质量的 paper，之后仍然会尝试自己想要做的方向，再确定更远的未来。年轻就得多尝试！

【给学弟学妹们的建议】

1. 打牢基础：俗话说："基础不牢，地动山摇。"大一、大二打基础，加上英语考试托福、GRE 等都要提前学起来。

2. 善于思考：我们要学会认识自己，了解未来想走哪个方向，有了目标才能勇敢地向前进发。

3. 勇于尝试：大二、大三可以开始尝试，如果你想做科研，就要尝试读英文论文，了解最新科研进展以及前沿技术。大三要准备参加夏令营、暑研，套磁也很重要。大四的时候最好能够做出一些成果。

4. 心态放平：放轻松，没有什么困难是不能克服的，相信自己，就一定能取得成功！

图 4-29 为香港中文大学工程学院高锟像。

图 4-29　香港中文大学工程学院高锟像

4.9　瑞士洛桑联邦理工学院 MS 申请：只要你足够优秀，就会有人请你去读书

作者：李思苒

【个人基本情况介绍】

我本科就读于华中科技大学光学与电子信息学院光电信息科学与工程专业，在校加权成绩为 88/100，GPA 3.89/4.0，曾在校内实验室和新加坡南洋理工大学有一定科研经历，申请专利一项，在校期间获得一些校院级荣誉。本科阶段的学习方向是半导体器件，实验室的研究方向为多功能纤维和微纳颗粒的制备研究。目前我在瑞士洛桑联邦理工学院读研，专业方向是电气与电子工程。

图 4-30 为瑞士洛桑联邦理工学院课堂实景。

图 4-30　瑞士洛桑联邦理工学院课堂实景

【出国留学前的规划】

大一开始，我就很向往出国留学，想去世界其他地方看一看，但是担心自身能力达不到出国要求，随着逐渐了解留学相关信息，发现也不是那么遥不可及，出国留学目标也逐渐明晰。最初我一直希望能申请直博项目（很大程度是因为直博有全额奖学金），但随后发现自己想要在业界工作，真正让我下定决心出国的，是本科实验室的老师告诉我的那句话："只要你足够优秀，就会有人请你去读书"。我才逐渐了解到出国读书很多项目是有奖学金的，而且很多国家的留学费用也在一般家庭的承受范围内。

图4-31为瑞士雪景。

图4-31　瑞士雪景

【标化考试——语言备考心得】

关于托福和GRE考试，我的建议是一定要提早备考，越早越好，这两门考试是出国留学的必经之路，这两考试都要需要背单词，我比较推荐的APP是"墨墨背单词"，词库很全，适合利用零散时间来记忆。我的听力和口语一直都是弱项，第一次托福考试中我的阅读考了 27 分，听力只考了 9 分（满分 30），答不完题、听不懂题的感觉很是糟糕。考完之后，我之前培训班的老师建议我半年内不要再考试，认真准备听力，每天听 1 ~ 2 个小时。之后半年坚持每天练习，每个 TPO 听 4 遍，第一遍做题，第二遍补全笔记，第三遍看答案，再补笔记，划重点，第四遍跟读。半年后再去考试，这次听力拿了 25 分。

写作的提升方法就是就是多看范文，多练笔。范文中的好句子要背要记，并且总结出几套适合自己的模板，最终拿到了 27 分。GRE 尤其要注重词汇量，做题库，推荐微臣的网课，还有新东方的《GRE 写作高频题目及考点精析》黑皮书。写作也是 issue 拿普通分，argument 也是记模板，套用好句子，多练习，后来写作拿到了 4.0 但是前面的分数没有再提高，很多学校不承认拼分，所以用的还是之前的成绩。

在整个备考的经历中，最难忘的经历就是每天攻关 TPO 听力，长期坚持的成果很宝贵。最后托福 99 分（阅读 27，听力 25，口语 20，写作 27），GRE（阅读 152，数学 168，写作 3.0）达到了大多数学校的申请线。

还有一点需要强调的是，托福和 GRE 考试尽量早考，因为越晚考试，面临申请材料，科研任务等任务就越多，很难挤出时间准备标准化考试，所以大家一定要认真对待每一次考试。

图 4–32 为校内湖边草坪。

图 4-32　校内湖边草坪

【专业背景提升】

我是从大二暑假就开始联系导师，了解在实验室的一些工作，大三开始认真阅读文献和做实验，最后申请到了一个专利。

"尽早参与科研"真的很重要，大家可以在大二期间，就走进实验室，发掘今后愿意研究的领域，多去和教授沟通交流。我之前还参加了新加坡国立大学的机器人项目，提前感受了国外的环境和学习氛围。这次出国经历也让我更明确出国留学的目标。

我认为提升科研水平最有效的方式是参与本科阶段的校内实验室工作，这里的老师们都很热心，充分把握向老师和师兄师姐们请教的机会，你就会成长得很快。出国申请如果有一些国外学习的经历，对申请也有很大帮助。

【申请过程】

我从大二开始准备英语考试，大三正式开始加入实验室，开展一些科研工作。我利用寒暑假时间，前往了新加坡国立大学和新加坡南洋理工大学学习交流。

在面试阶段中，教授们的专业问题都直抓要害，会指出你之前实验工作的问题，针对实验中的细节和你在研究中所做出的贡献、解决的问题都会一一提问，还要详细了解你的未来规划。自己有限的英语水平、科研中的挫折以及放弃保研又没有着落的焦虑和彷徨都会打击到自己。但是想要实现既定目标，大家总是要放手一搏的。拿到 offer 的时候，我欣喜若狂，相较于保研、考研，出国的战线较长，申请 Ph.D. 还需要经常面试，保持和教授的联系。

在整个申请过程中，GPA，托福，GRE，科研成果都很重要，其中申请 Ph.D. 的时候进行了套磁和面试，申请 M.S. 则没有进行套磁。此外导师的认可，校内老师和外导的推荐信也很重要。

图 4-33 为日内瓦湖。

图 4-33　日内瓦湖

【给学弟学妹的建议】

国外的学习生活比较饱和，考试也比国内的难，题量多，内容深，周末也很难有空闲时间，基本上是从早学到晚。好在假期还算悠闲，毕竟我目前还是研一，之后有了实习、科研任务会忙一些。

我建议学弟学妹们要抓住本科在校机会提升自身的语言水平，多说多练。成绩，英语和科研都是重点，要早规划早安排，并在实践中逐渐完善。我相当于是转专业深造，学校的选课非常自由，我现在学习的方向是数据科学 (Data Science)，和我之前做的光纤及半导体器件相差甚远，自我学习就尤为重要，无论是在国外还是国内，我觉得都需要认真的态度对待学习和工作，这样当机遇来临的时候，才能够牢牢抓住。

图 4-34 为亚洲晚餐主题夜活动。

图 4-34　亚洲晚餐主题夜活动

4.10　罗切斯特大学光学中心 MS 申请：相信自己，筑梦未来

作者：钱壮

【个人基本情况介绍】

我叫钱壮，于 2020 年毕业于华中科技大学光学与电子信息学院，本科专业为光电信息科学与工程，申请时加权成绩为 88.5，GPA 为 3.95/4，专业排名 45/ 275。我的大学生涯基本没有获得过奖学金、荣誉称号，参加过一些科研项目，也都鲜有成果，所以我认为我的经验对于一些成绩不那么突出的同学能提供一些有价值的参考。

我一共获得了 8 个 offer，最终选择了 University of Rochester Optics。至于为什么要出国，我的想法其实很简单，一方面是希望能到国外开阔眼界，去了解不同的教育方式和体制；另一方面，我个人并不执着于科研，因此我希望去美国完成授课制硕士项目。

【标化考试——语言备考心得】

（本人托福：104，R27，L30，S23，W24；GRE：151+170+4.0）

托福：阅读和听力是我比较擅长的，这两个部分其实并没有多少技巧可言，我也不建议大家去报班学习。我曾在新东方学习过托福课程，关于阅读和听力的部分主要是围绕着他们所总结的技巧展开的。但事实上，只要你能把词汇掌握好，就能考好。因此我更加建议大家能每天抽出时间背单词，不要期待一蹴而就，语言学习是一个积累的过程。我个人比较推荐使用类似扇贝的背词软件，因为你可以在记住单词的同时明确单词的发音。除此之外，口语和作文都需要大家在备考时进行大量练习。建议口语练习时，一定要录音、计时；作文写完以后可以对照范文进行修改，同时可以

使用翻译软件找到一些有出处的、比较地道的表达。

GRE：Verbal 部分最重要的还是背单词；Quantitative 部分的话就需要你掌握一些数学专业词汇；作文部分则更看重逻辑思维能力。我想要提醒大家的是：一定要尽早开始背单词。如果可能的话，不妨把每天背单词当作一种兴趣爱好，每天不求数量有多少，但一定要坚持下来。我当时准备 GRE 的时候只有 7 天了，同时还需要上双学位的课。我当时每天背单词个数达到了 1000 个，那种体验不仅非常痛苦，而且单词根本不可能记牢，导致最后考试时，我的 Verbal 部分准确率很低。

【科研背景提升】

我在科研背景提升方面做的主要工作是参加大学生创新创业项目。第一个项目进行得不是特别理想。大三开始，我就跟着电动力学老师设立了我的第二个大创项目，这个项目的基本任务还是仿真与理论推导，后期发现难有创新点，最终没有取得预期成果。大三下学期，我开始做超表面相关的研究，这个研究一直持续到我完成毕业设计，由于时间的关系，这个研究的文章没有发表。我的这三段科研经历都不算成功，在这里讲出来是想要提醒诸位：在进行大创项目之前，应该先征询导师意见，并选择合适的小组成员。征询导师意见是为了能够更加顺利地做出成果，选择好队友是为了让团队更好地完成工作。我院的导师十分欢迎本科生参与科研，大家要善于抓住机会。

按计划，我本应在大三暑假去国外参加暑研项目，后来因为语言成绩不够理想和暑假的双学位课程安排而放弃，因此建议大家尽可能早地把满意的语言成绩拿到手，为暑研做准备。

此外，我报名过加拿大的 Mitacs 项目，最后没能成功匹配导师。这个项目每年都会有一定的名额，如果拿到这个名额，大家就可以在大三暑假去加拿大参加暑研，费用由 CSC 资助，对于自费暑研存在困难的学生来说很值得争取。类似的项目还有很多，感兴趣的同学要积极关注。

【 申请过程经验分享 】

我是在大二末才下定决心出国留学。当时我的规划如表 4-5 所示：

表 4-5　申请基本情况

时间	主要工作
大三上学期	参与一个大创项目和 TOEFL 考试
寒假	准备语言考试（TOEFL 和 GRE）
大三下学期	再做一个大创项目并进行 GRE 考试
暑假	暑研项目
大四上学期	文书和申请材料的填写以及语言考试刷分

在实际执行过程中，计划难免发生改变，主要原因是语言考试刷分次数超出了我的预期。大家在这个过程中也要随机应变，不能因为临时困难就想要放弃。

所有申请结果出来之后，我在两所学校之间面临选择：一是 Duke 的 EE，二是 Rochester 的 Optics。我当时的思路是，如果想转码可以选择 Duke 的 EE，如果接着走光学的路就选 Rochester 光学中心。最后我还是选择了 Rochester 的光学，学校也为我提供了 50% 的学费减免以及第一年 $3500 的奖学金，两年下来总的学费和生活费基本能控制在 40 万人民币以内。对于这个结果，我是很满意的。不过由于没有早点下定决心出国留学，有一些机会被我错过了。比如 UCSB 的一个学期的交换项目，但由于我准备得太晚没能参加。我建议大家要尽早取得语言成绩。

关于如何选择 offer，每个人需要结合自身的实际情况，以及目标学校的就业、课程和生活等方面来考虑。关于就业，建议去学校和学院官网找一下研究生毕业去向；关于课程，同样去官网和论坛找课表看是否符合自己要求。一般在学校录取后，会发一些链接和举办一些线上线下讨论，有机会可以参加。还可以联系该校的学长学姐了解学校生活的方方面面。

关于文书。对于转专业的同学而言，文书帮助大家解释转专业的原因，以及这两个专业之间的联系。你需要从过往经历中挖掘自身的闪光点，并就如何将它们转化成未来学习的优势加以阐释。前期需要尽力做好准备工作，尽可能地丰富自己的背景。此外，文书还应包括过往的研究经历、对专业的兴趣、长短期规划等等。你做过的志愿活动、参加过的社团、所关注的科研项目或议题，都可以向对方介绍，都可以从中挖掘出自身的闪光点。

关于转专业：转专业其实是个很孤独的历程，与身边同学仿佛在不同频道上，相关信息需要自己去搜集，还要持续地感受两个专业之间的摩擦，心理压力也会很大。虽然从结果来看，我的申请算是比较有回报，但这一路的艰辛还是不言而喻的。其实无论选择什么专业，出国申请都是坎坷的旅途。但我相信，只要你目标足够明确，知道自己为什么选择／喜爱这个专业，你就有能力和勇气坚定地走下去。

【总结】

回顾我出国留学准备过程和申请经历，我总结了以下几点，供各位参考。

（1）如果有出国的意愿的话，请尽早下决心，并做好规划，包括进入课题组的时间点和语言考试的时间点，越早行动优势越大。

（2）请尽早取得语言考试成绩，建议大家在大一就开始准备，这对之后参加出国交流项目非常有帮助。

（3）积极参加实验室的科研工作，并提前与实验室导师沟通，寻找合适的队友。

（4）递交申请前，请先对所申请的学校进行充分了解。

当然，如果开始的晚一些也不要慌张，要相信自己的实力。我想告诉大家的是，对未来多做规划，对自己保持信心，对前路充满希望。希望我的经历能给各位的奋斗之路带来些许助益，最后，祝愿大家都能拥有一个属于自己的光明未来！

4.11　加拿大阿尔伯塔大学 Ph.D. 申请：尽最大的努力，做最好的自己

作者：张绛雯

【 个人基本情况介绍 】

我是张绛雯，华中科技大学光学与电子信息学院电子科学与技术 2015 级学生，现就读于加拿大阿尔伯塔大学 Electrical and Computer Engineering, Laser & Plasma group。

我从大二开始计划出国，想要体验不同的学习和科研环境，也想尝试改变一下生活环境和状态。我通过周围的家人朋友以及浏览学校网站获取了相关出国信息，同时留学中介也给了我很多资料和帮助，让我对学习和生活环境有了更深入的了解。

国外的疫情暂时还是一个比较严重的状态，过去一年大部分时间都是在家里工作，确实会感觉孤独和缺乏归属感，但是还是学到了很多东西。出国学习让我变得更加独立，让我的思维变得更加包容，接触到了很多国家各种各样不同的人，对事情的接受程度有了很大的提高。

【 出国备考过程 】

我在申请的过程中只准备了托福考试，因为加拿大的学校不要求 GRE

成绩。在我准备考试的过程中最大的体会就是一定要多说多写，因为对我来说最难提高的其实是口语和写作成绩。练习口语的时候建议找口语对练，让自己融入那个语言环境中。另外，一定要多多刷题练习，让自己的答题思路可以更快，考试的时候思考准备的时间是非常短的。关于写作，对我来说想要快速提升的唯一方法就是各种话题多写多练。

在备考过程中，令我难忘的经历一个是用了大半个寒假的时间在封闭学习，从早上 7 点半到晚上 11 点，成绩提高挺快的。还有一个是一边准备考试一边过考试周，真的很痛苦。

我的成绩其实不太高，只有 96 分，超过录取标准一点点。但我选择的是 thesis base 的研究生，语言成绩的要求很看教授个人。如果选择 course base 的研究生，则语言成绩越高竞争力就会越大。

备考时，如果想选择一个托福班，我建议最好不要选择很多人的大班。在我刚开始准备托福时，选择了某机构一个有 20 多人的大班，感觉老师并不能很好地顾到每一个学生，既浪费时间金钱又得不到很好的效果。

图 4-35 为阿尔伯塔大学校园内景色。

图 4-35　阿尔伯塔大学校园内景色

【科研背景提升】

我的科研背景其实并不是很多，曾经为了科研背景参加了大创项目，不过由于种种原因并没有很好地完成。但我利用暑假的时间去一个半导体公司实习了两个月。

如果想要申请到更好的学校，科研经历越多越有含金量越好，能很大的提升自己的竞争力。如果想要出国最好尽早开始准备，多多参与科研项目。

科研背景方面，学院提供了很好的平台，即大创项目以及各种比赛，如果能取得好成绩那一定对申请很有帮助。其实我觉得对于申请而言，成绩和科研是最重要的，一定要尽早开始好好准备。

图 4-36 为冬季的校园。

图 4-36　冬季的校园

【申请过程及心路历程】

我是从大二开始就开始准备申请，大二下和大三上是一直在准备语言考试，大三在冲刺语言考试的同时也在找好的科研项目和实习经历，大三下和大四上选定想要申请的学校。如果是 thesis base 也要同时了解感兴趣方向的教授，看看他们最近的研究方向和论文，进行套磁。大四上就开始集中性地发邮件套磁以及准备面试，大四下拿到了 offer。

申请过程中遇到的最大困难就是教授们根本不回复套磁邮件，我第一轮套磁大概给七八个教授发了邮件但一封都没有收到回复。在第一轮套磁没有任何回复的情况下我发了第二轮，终于有两个教授给了我回复。然后我现在的教授主动要求给我提供了 founding，并且告诉我最好要自己独立了，不要爸妈再给经济支持了，真的又开心又感动。我拿到了自己想要的 offer，也拿到了奖学金，20000 加刀每年。关于奖学金，如果申请加拿大的学校并且是 thesis base 一般都会给，但是多少取决于教授目前的资金，并且我记得不同的省是有最低月薪的。

想申请加拿大学校的 thesis base 研究生或者 Ph.D. 是一定要进行套磁的。我套磁的经验是，如果想要套磁，一定要好好阅读教授们最近的研究方向和论文，并且最好可以有一些自己的感受和见解，这是很加分的。套磁信也不要写得过长，教授们没有时间阅读完所有你写的内容，所以套磁信的内容一定要精简并且也有重点，这是非常重要的，最好不要超过一页。套磁成功后一般都是需要面试的，但不用太紧张。

我申请的过程算是比较顺利，第二封 offer 就拿到了我能去的最好学校，并且教授也非常 nice。我选择这所学校的原因是，这所学校的工程系很好并且是我申请范围内最好的学校。除了学校以外，我觉得教授也很重要，最好在选择之前好好了解一下教授，很多信息都可以在学校的官网上找到，并且要选择自己最感兴趣的方向。

图 4-37 为校园内学习中心。

图 4-37　校园内学习中心

【 在国外读书的经历分享 】

出国前我没有做很多准备，主要是了解了一下这边的气候和环境，准备了一些必要的用品，网上有很多攻略，自己可以按需选择。

刚入学的时候基本是在上课，感觉国外的学习强度很高，而且非常灵活，有几门课的课程要求都是找自己感兴趣的论文来看，然后写一些自己的理解和感受。最开始的时候语言不太好，很多时候听不懂老师在讲什么，因为很多教授来自不同的国家，要慢慢适应他们的口音。现在的学习主要是在实验室工作，更加灵活自由。生活上的不同其实更大，需要慢慢适应，如果能交到朋友最好，可以更快地适应环境。

在国外学习收获还是很大的，思维拓宽了很多，解决问题的能力也强了很多。对未来的规划目前是想要好好毕业然后找一份国内的工作。

对即将出国的学弟学妹们，我的建议是关于生活方面的。刚出国的时候，我在租房上遇到了一个特别大的坑，直接导致我损失了大概六七千刀，所以租房的时候一定要特别注意。我的建议是，如果想要租公寓的话，一定要提前了解，多搜索一下当地的租房信息，最好找专业公司只租不卖的这种公寓，房租或者各种条款都有非常明确的规定，会少很多的麻烦，有什么问题都可以找 office 解决，就可以省去很多的时间。如果想要租 house 的话，一定不要选择和房东住在一起的，如果房东很好那是幸运的，如果碰到像我前房东一样的人，会非常难受。

　　图 4-38 为加拿大阿尔伯塔大学校内雕像。

图 4-38　加拿大阿尔伯塔大学校内雕像

4.12　法国高等光学学校 3+3 项目申请：
早规划，早准备，早行动

作者：仝皓宇、朱彤

【基本情况介绍】

我们是通过学院与法国高等光学学校（Institut d'Optique Graduate School，IOGS）的 3+3 项目来到的法国，目前为工程师 (diploma d'ingénieur) 第二年在读，下学年将分别开始学习纳米科学与技术和光通信与光网络的 master 第二年，同时也是工程师第三年。本文主要介绍法国的学习和生活。关于具体的申请流程，由于我们申请的是校际合作项目，而且申请的时候正是疫情期间，跟自己独立申请比起来，很多流程都精简了因此只做简略介绍供大家参考。

图 4-39 为法国高等光学学校校园风景。

图 4-39　法国高等光学学校校园风景

【关于学校】

法国高等光学学校（简称 IOGS）又称 Supop，成立于 1917 年，是法国乃至世界上最早的光学学校。从 2021 年起隶属于巴黎萨克雷大学（Université Paris-Saclay）。IOGS 是巴黎高科（Paris Tech）教育集团的一员，也是巴黎萨克雷大学的成员之一。法布里—珀罗干涉仪（Fabry‐Pérot interferometer）的发明者之一夏尔·法布里是 IOGS 的第一任校长。学校规模较小，专攻光学专业。IOGS 的光学工程师学制三年，第一年统一在帕莱索校区读，第二年选择校区，可以去波尔多或者圣埃蒂安（第三年可以再次选择校区），不同校区在课程学习上有一些差异，第三年选择更细分的方向，比如偏物理的量子方向，偏工程的光学系统设计，还有光通信、生物光学、纳米科学等等方向可以选择。

2019 年底，我们进行了申请和面试。首先填写由 IOGS 提供的申请表，除了一些申请的基本情况，还有至少一封推荐信，一封动机信（motivation letter），一封简历（CV），以及其他一些补充的证明文件。由于当时尚没有疫情，IOGS 的一位教授从法国来到光电学院，一对一进行面试，并且，由我们陪同教授进行了一些游览和参观。面试主要分为两部分，第一部分是与动机信和简历相关的问题，涉及求学和科研经历、家庭情况、兴趣爱好、未来规划等；第二部分是现场答题，题目由教授拟定，主要涉及应用光学、物理光学的基本知识和推导。个人感觉面试表现要比成绩单更重要，做题部分与教授的讨论推理也比得到正确的答案更重要。从后面在法国的学习中也发现，学生的接受能力和表达能力，是法国人非常在意的。

不得不说，在这里上学，你会真的非常透彻地理解相关知识。老师和同学也都非常友善，但是你要主动接触交流。他们非常重视交流展示的能力，他们希望培养表达能力与科研能力俱佳的综合型人才。

在法国的生活整体来说非常安逸，假期很多，但课程安排也是非常紧凑的。法国的教育体系跟其他欧美国家区别比较大，仅就理工科的研究生阶段而言，法国人的硕士和硕士同等学力学位有两种：三年及以上（有些学校会有所不同）学制的 ingénieur（工程师）学位和两年的 master 学位，工程师学位在法国很有认可度，工程师学校的校友会有很强的人脉资源。IOGS 是工程师学校，仅有工程师培养和博士培养两种教育模式。该校目前虽隶属于巴黎萨克雷大学，但是有很大的自主管理权力。

图 4-40 为课堂授课现场。

图 4-40　课堂授课现场

【关于课程】

第一年的课程很多都是之前在本科阶段学过的，可以用来适应这里的考试和生活节奏。第二年压力比较大，傅立叶光学，非线性光学，原子物理等都是比较难的科目，但是也收获很多。总的来说，确实是让我们感受到了教育定位的不同。他们的工程师培养非常注重实战应用。经过十几年的国内教育，我们已经对于"真空中的球形鸡"问题了然于胸，这是优势，但是实际工作中会有很多非科学原理层面要考虑，而这里的学习更强调技术的应用性，很贴近实际情况，因此会有企业实习的要求，甚至还要学习一些管理学和经济学的知识。

毕竟是用一门第二外语进行沟通，肯定不如汉语和英语熟练。但是你可以用英语说，老师和同学们都不会介意，只不过法国人也不是英语母语者，会有口音，有时候会用法语单词代替英语单词说英语，听习惯了法式英语其实也挺好理解的。不过因为每天上课都是法语，专业的内容反而比较容易理解。二年级有英语授课，有的老师因为英语不是很好，所以仍然会选择使用法语上课；但有的老师英语不好，但是坚持用英语上课，有着很浓重的口音，让人哭笑不得。值得注意的是，如果是法语授课的，考试时非法语母语者会有 1/3 的额外时间；如果是英语考试则没有额外时间，但是都可以携带一本字典。另外，虽然申请入学的时候没有语言要求，但是毕业需要英语 B2+，法语 B2 的水平。学校会安排英语托业考试，也可以自己报考托福和雅思，最终成绩得到英语老师验证之后只要合乎要求就可以毕业。法语则是要考 TFI（Test de Français International）。

在学习中遇到问题不需要焦虑，但也没有什么特殊的解决方法，最终还是得靠查资料，问老师，问同学，自己悟等。在 IOGS，每门课，都有多位老师进行教学，尤其是 TD 课（Travaux Dirigés，习题课）和 TP 课（Travaux Pratiqués，实验课），每一位老师都会留下邮箱，你可以发问题给老师，老师都会回复。特别是对于留学生，老师们都很有耐心。IOGS 非常重视 TP，每周都会有光学和电子的实验，实验报告不仅要求展示实验结果，还要提前预习实验，清楚解释实验原理，实验中与搭档密切配合，与老师讨论步骤，在实验后计算不确定度，总结实验结论。

实习要求也是法国工程师学位的特色。其目的是加强学生对就业市场和职业发展的了解。每年的暑假，法国的各大小实验室和企业都会放出一大批实习岗位，学生可以申请各个方向、各个岗位的实习机会。实习的申请可以锻炼我们的求职技巧和工作习惯，对毕业后踏入职场有很大帮助。

如果真的想学到知识，来 IOGS 是很值得的，这里提供了一流的硬件、软件教育资源和充实的课程与实验。但如果只是想体验海外学习生活，在 IOGS 的课程安排下会学得比较痛苦。

【关于生活】

虽然 IOGS 的校园不大，学生规模很小，但各类学生活动非常丰富多彩。学校有二十余个社团，举办各类活动，包含电影、音乐、摄影、短途旅行、体育等。同时，由我们光学与电子信息学院历届学长学姐们创办和运营的中国文化社也会在中国传统节日举办有中国特色的庆祝活动。

法国人尤其喜欢 soirée，IOGS 每月有一到两次的派对，在学校的活动室里吃吃喝喝玩玩乐乐，享受忙碌学习生活中的片刻放松。

旅游也是留学生活中重要的放松方式。法国是西欧面积最大的国家，各地区人文和自然景观有很大不同。巴黎作为世界上博物馆最多的城市之一，有深厚的历史文化底蕴和精美的文物收藏。从举世闻名的卢浮宫，莫奈花园，奥赛博物馆和凡尔赛宫，到别有洞天的蓬皮杜艺术中心，LV 艺术博物馆和玛丽居里博物馆，从雨果、卢梭、伏尔泰的陵墓先贤祠，到巴尔扎克、王尔德、傅立叶、圣西门安眠的拉雪兹公墓，从阿拉伯和非洲移民聚集的城市北部，到写满汉字的十三区中国城，巴黎时刻展现着她作为浪漫之都和世界文化中心的风采。在学习之余，你尽可以享受巴黎取之不尽的文化养料，在这座庞大而不冰冷的城市里找到温暖你的一角阳光。除了巴黎，法国的其他城市也有各自独到的风景，里昂上千年的古罗马剧场依然在举办艺术活动，圣马洛的海鸟慵懒地在沙滩上空滑翔，圣米歇尔山上高耸的修道院像过去一千年里的每一天一样眺望远方，阿尔卑斯山高耸入云，尼斯的海滩热浪撩人，斯堡的圣诞集市人头攒动，普罗旺斯的薰衣草花海翻腾……

同时，法国也是申根国家之一，借着留学的机会去欧洲各地旅行也是不错的选择，体会各地风土人情，开阔自己的视野。法国东接比利时、卢森堡、德国、瑞士和意大利，南至西班牙，安道尔，摩纳哥和地中海，西北隔英吉利海峡与英国相望。从巴黎坐飞机或火车，半天之内可以抵达大半个西欧的重要城市，从南部的米兰、罗马、巴塞罗那、里斯本，到北部的斯德哥尔摩、哥本哈根和布鲁塞尔。方便的交通和免签的政策为热爱旅行的同学提供了度过小长假的众多选择。

　　图 4-41 为巴黎歌剧院。

图 4-41　巴黎歌剧院

　　至于法国留学的住宿，法国公办学生宿舍（Crous）提供有四人间和单人间（studio），水电网全包，学生要在官方网站上申请，具体的住宿公寓由管理处分配。离 IOGS 最近的学生宿舍就在马路对面，步行五分钟，快过从韵苑到东九。另外也可以自己租房，IOGS 附近有各种价位的私人住宅和私有学生公寓可供选择。平时可以吃 Crous 的食堂，标准 3.3 欧一套（前菜＋主菜＋甜品）。另外学校附近也有亚洲餐馆和中餐馆外卖。尽管学校在郊区山上，并不繁华，但学校旁边有超市、银行、餐馆、酒吧，可以满足基本的生活需要。学校毗邻巴黎综合理工学院（École polytechnique，别称 X），巴黎高等电信学院（Télécom Paris），国立高等先进技术学院（ENSTA），纳米科学和纳米研究中心（C2N），国立统计与经济管理学校（ENSAE），原巴黎十一大（Paris Sud），高等师范学校（ENS Paris Saclay），高等商学院（HEC），以及大型企业泰雷兹（Tales Group），法国原子能和替代能源委员会（CEA）和诺基亚，学术氛围浓厚，园区现代化程度较高。

由于法国信息化建设的不完善和较高的物价水平，留学期间大部分的餐食需要自己准备，尤其是周末和节假日等食堂不开门的时间。在这里生活学习，各类生活技能得到很多锻炼，做饭洗衣，打扫卫生，整理房间，可以培养独立性。

最近两年，我们认为留学生的心理压力增加的主要原因是疫情。由于国外疫情防控政策和民众舆论与国内的巨大差别，我们到达法国后经历了一段比较焦虑的适应期。但随着疫苗的问世和广泛接种，我们逐步接受了法国的抗疫措施，适应了法国的生活节奏。

图 4-42 为参与当地留学生会聚会活动。

图 4-42　参与当地留学生会聚会活动

【关于研究与就业】

法国的研究生阶段并不进行科研工作，也没有论文和专利的毕业要求，但是工程师学校会要求你有一定时长的实习工作，在 IOGS，第一年的实习是选修，第二年 11 周必修实习，第三年 14 周必修实习，其中包括一定时长要求的企业实习和实验室实习。

IOGS 的中国毕业生有很多选择，不管是回国工作还是继续留学深造，还是在法国找工作都有学长学姐的成功案例。朱彤目前在准备申请博士，考了雅思，正在考虑联系导师利用第三年的实习时间去博士想去的实验室实习，如果合适就留下来继续读博士。全皓宇准备在光通信和光网络领域寻找法国的博士机会或工作职位。

对于准备去法国留学的朋友来说，我们有一条真诚的建议，即"学好法语"。出国前，大家所接受的法语训练可保证基本的生存需要，但如果想在法国生活学习得舒心，TCF/TEF 的 A2/B1 水平是不够的。值得一提的是，专业法语也是必须掌握的，同时也是中法班同学缺乏训练的。尽管 IOGS 工程师第一年的课程内容为大家熟悉，但专业法语是比较有难度的部分，如果能提前在国内做一些准备，相信到法国后专业学习上能如虎添翼，课业难度将大大降低。